CEDU 쎄듀는 A **C**omprehensive **E**nglish e**DU**cation(종합적 영어교육)의 약자입니다.

펴낸이	김기훈 · 김진희
펴낸곳	(주)쎄듀 / 서울시 강남구 논현로 305 (역삼동)
발행일	2015년 12월 3일 초판 1쇄
내용문의	www.cedubook.com
구입문의	마케팅 영업본부
	Tel. 02-6241-2007
	Fax. 02-578-2008
등록번호	제22-2472호
ISBN	978-89-6806-058-8

고교영어 절대평가

PLAN A

어휘

김 기 훈 現 ㈜쎄듀 대표이사

現 메가스터디 영어영역 대표강사

前 서울특별시 교육청 외국어 교육정책자문위원회 위원

저서 천일문 〈입문편 · 기본편 · 핵심편 · 완성편〉 / 천일문 기본 문제집 / 어휘끝 시리즈 / 어법끝 시리즈

The 리딩플레이어 〈개념편 · 적용편〉 / 쎄듀 종합영어 / 문법의 골든룰 101 / 구문현답

쎄듀 첫단추 모의고사 〈독해유형편 · 듣기유형편 · 문법어법편〉

쎄듀 Power Up! 모의고사 〈독해 · 듣기 · 어법어휘〉

쎄듀 Sense Up! 모의고사 〈독해 · 듣기〉 / 빈칸백서 / 빈칸백서 〈기본편〉 / 오답백서

쎄듀 수능실감 EBS 변형 FINAL 독해모의고사 / 수고들: 수능날 고사장에 들고가는 단어장

Grammar Q / 쎄듀 빠르게 중학영어듣기 모의고사 20회 등

인 지 영 쎄듀 영어교육연구센터 선임연구원

저서 천일문 〈기본편〉 / 천일문 기본 문제집 / 어법끝 Start / 어법끝 5.0

쎄듀 Sense Up! 모의고사 〈독해〉 / 쎄듀 Power Up! 모의고사 〈어법어휘〉 / 문법의 골든룰 101 등

마케팅 문병철, 김미리내

제작 정승호

영업 공우진

인디자인편집 류화진

디자인 윤혜영

영문교열 Eric Scheusner

Preface

수능 영어, 절대평가의 시대

2015년에 고등학교에 입학한 학생들이 치르게 될 2018학년부터는 수능 영어 절대평가 시대를 맞이하게 되었다. 절대평가란 다른 학생들과의 상대적인 비교가 아니라 본인 자신의 원점수만으로 등급이 결정되는 평가 방식이다. 발표에 의하면, 원점수 100점 만점에 10점 단위로 등급이 계산되어 90점 이상은 1등급, 80점 이상은 2등급, 70점 이상은 3등급… 이 된다.

1등급을 위해 100점 맞는 공부를 해야 했던 최상위권들에게는 숨통이 트이는 소식이 아닐 수 없다. 한편, 상대평가 제도하에서 좀처럼 등급 향상을 할 수 없었던 중위권 학생들에게는 1등급이 얼마든지 도전해볼 만한 목표가 되었다. 최근 수능 및 모평 난이도 추세를 유지한다면 원점수 90점 이상의 1등급을 받는 학생들이 전체 16%(2015학년도 수능 기준)~23%(2016학년도 9월 모평 기준)를 차지할 것으로 예측되므로, 상대평가 때의 3, 4등급이 1등급으로 올라선다는 것은 충분히 가능한 이야기다.

그렇다면 과연 무엇을 어떻게 해야 하는 것일까?
무언가가 변화할 때는 누구보다 신속하게 대응하여 만반의 준비를 갖추는 것이 필수적임을 잊지 말아야 한다. 수능 때까지 1등급을 안정적으로 유지할 수 있게 하는 것도, 1등급으로 치고 올라갈 수 있게 하는 것도 결국은 다 탄탄한 기본기의 문제다. 지난 20년간 현장에서 수험생과 함께해 온 쎄듀의 결론은, 수능 영어의 기본기를 이루는 어휘, 구문, 독해, 어법을 최대한 빠르게 정리 점검하는 동시에 앞으로의 학습 방향을 전략적으로 선택해야 한다는 것이다.

본 교재 **PLAN A**는 바로 위와 같은 목적을 이루기 위하여 탄생한 시리즈이다. 절대평가 시대에 반드시 갖춰야 할 영어 기본기의 핵심을 분야별로 담았으며, 더불어 앞으로의 올바른 학습 방향까지 제시하였다. 본 시리즈에서 다루어지는 핵심과 분야별 학습 방향은 굳이 절대평가 시대가 아니라 하더라도 수능 영어 학습을 계획하는 데 있어 놓쳐서는 안 될 필수적인 내용들이다.

분명한 것은 이제 수능 영어는 내가 노력한 만큼 점수와 등급이 나오는 '자신과의 싸움'이 되었다는 점이다. 자신을 믿어라. 어떤 어려운 상황이 닥쳐도 결코 좌절하거나 포기하지 마라. 모든 학생들이 3년이라는 짧지 않은 터널을 성공적으로 지나 합격의 영광을 마주할 수 있도록 쎄듀도 함께 힘차게 달릴 것을 약속한다.

저 자

[절대평가 FAQ]

Q 상대평가와 절대평가는 어떻게 다른가요?

A 상대평가가 학업성과를 다른 학생과 비교하여 성적의 위치를 부여하는 평가방법인 데 비하여, 절대평가는 어떤 절대적인 기준에 의하여 개개 학생의 성적을 평가하는 방법입니다.

'절대적인 기준'이란, 보통은 교육목표(학습지도의 목표)를 가리키는 경우가 많은데, 수능 영어에서는 교육부에서 발표한 대로 '고등학교 교육과정의 성취수준'이 됩니다.

Q 등급은 어떻게 분할되나요?

A 원점수 100점 만점에서 10점 단위로 등급이 매겨지는 식입니다.

등급	1	2	3	4	5	6	7	8	9
분할 기준 (원점수)	100~90	89~80	79~70	69~60	59~50	49~40	39~30	29~20	19~0

Q 절대평가는 왜 도입이 된 것인가요?

A 교육부 보도자료(2015. 10. 2)에 따르면, 다른 응시자 성적과 무관하게 본인의 원점수에 따라 정해진 등급을 부여받으므로 불필요한 경쟁이 줄어들고, 수능 대비를 위한 문제풀이에서 벗어나, 말하기, 듣기, 읽기, 쓰기를 균형 있게 향상시킬 수 있는 학교 수업으로 유도하기 위해서입니다.

Q 절대평가로 바뀌면 난이도는 어떻게 되나요?

A 교육부 보도자료(2015. 10. 2)에 따르면, 절대평가의 기준이 '고등학교 교육과정의 성취수준'이므로, 고등학교 교육과정과 부합하는 난이도로 출제하겠다는 것이고, 현재 수능 영어의 난이도가 그대로 유지될 가능성이 큽니다. 출제 안정화를 위해 후속연구를 진행한다고 하였으나, 지금으로써는 급작스러운 난이도 상승은 없을 것으로 예상됩니다.

Q 절대평가로 바뀌게 되면 굳이 영어공부를 해야 할 필요가 있을까요?

A 원점수 90점 이상으로서 1등급이 안정적으로 유지되어야 합니다.

원점수 90점 이상이라 하면, 예를 들어 듣기 17문항과 독해 2점짜리 21문항을 다 맞히고, 독해 3점짜리 총 7문항 중에서 4문항을 다 맞혔을 때 가능한 점수입니다. 역대 수능 중 가장 쉬웠던 2015학년도 수능의 문항별 정답률을 보면, 3점짜리 4문항이 정답률 56~58%를 기록하였고 정답률 60%대를 기록한 2점짜리 문항도 3문항에 달했으므로, 탄탄한 기본이 없으면 달성하기 어려운 점수입니다.

절대평가 시대에 1등급과 2등급은 엄청난 차이를 가져올 것이며, 특히 서울 소재 4년제 대학교에 진학하고자 한다면 반드시 1등급을 목표로 하는 학습이 이루어져야 하므로, 고1, 2 시절의 전국연합학력평가를 통해, 본인의 원점수가 90점 이상이 안정적으로 유지될 수 있을 때까지 노력을 게을리해서는 안 됩니다.

Q 저는 지금까지 영어공부를 많이 하지 않았습니다. 절대평가 1등급 가능할까요?

A 절대평가의 기준이 '고등학교 교육과정의 성취수준'이므로, 본인 노력 여하에 따라 얼마든지 가능합니다.

수능 영어는 고차원적인 사고 능력이 필요한 것도, 오랜 기간의 축적된 선행 학습이 반드시 필요한 시험도 아닙니다. 서문에서도 밝혔듯이, 본 교재 시리즈를 통해 필요한 기본기를 최대한 빨리 쌓고, 반드시 맞혀야 할 유형부터 차근차근 정복해 나가면 됩니다. 공부하는 만큼 성과가 나타날 것임을 명심하고, 포기하지 말고 꾸준히 매진하기 바랍니다. 본 교재에 제시된 학습 방향을 참고하기 바랍니다.

고교 3년 PLAN A

"16개월 만에 실질적 학습을 마쳐라"

고교 3년이라고 해도, 3학년 시기는 EBS연계교재 학습과 내신 총 4회, 모의평가 및 학력평가 총 6회, 수시지원 전략 수립 및 지원서 준비 등으로 학습을 할 시간이 많이 부족하다. 그러므로, 2학년 때까지 실질적인 학습을 모두 마치는 것을 목표로 해야 한다.

그런데 아래 표에서 보는 것처럼 1, 2학년 시기도 내신 준비 기간을 빼면 최대 8개월씩의 기간이 있을 뿐이기 때문에 학습이 가능한 기간은 총 16개월에 불과하다.

고1 2016	1월	2월	3월	4월	5월	6월	7월	8월	9월	10월	11월	12월
	■	■	■	내신	■	내신	■	■	내신	■	내신	■

고2 2017	1월	2월	3월	4월	5월	6월	7월	8월	9월	10월	11월	12월
	■	■	■	내신	■	내신	■	■	내신	■	내신	■

1학년 시기에는 기본기를 탄탄히 하기 위해 어휘와 구문 중심의 학습이 필요하고, 2학년 시기에는 이를 토대로 본격적인 독해 문제 풀이가 필요하다.

학년별로 좀 더 자세히 살펴보면 다음과 같다.

1학년 PLAN A 어휘와 구문

기본필수어휘를 다룬 어휘서를 하나 정하여 반복 암기한다. 어휘는 3년 내내 어휘 전문서든, 내신 대비든, 독해를 풀다가 막힌 어휘든, 수능 전날까지 꾸준하게 암기하겠다는 마음가짐을 가지도록 하자.
동시에 1학기에는 구문 학습에 집중한다. 이후 여름방학 때 빈출어법 교재를 학습하면 1학기 때 학습한 구문을 실질적으로 문장에 적용해보는 기회가 되므로 바람직하다. 2학기에는 독해 유형별 전략을 담은 교재의 학습을 마친다.

고1 2016	1월	2월	3월	4월	5월	6월	7월	8월	9월	10월	11월	12월
	■	■	■	내신	■	내신	■	■	내신	■	내신	■

기본필수어휘 / 구문 →

빈출어법 →

독해 유형 전략 →

2학년 PLAN A 독해

앞서 1학년 2학기 때 익힌 독해 유형 전략을 실전에 적용해보기 위하여 유형별로 충분한 독해 문제를 접한다. 이때 2점이 주어진 문제는 거의 100%의 정답률을 내는 데 집중하고, 이후에는 특히 틀리기 쉬운 3점짜리 문항 총7개 중 4개 이상을 안정적으로 맞힐 수 있도록 해야 한다. 3점에 해당하는 문제 유형은 대개 빈칸, 어법, 어휘 등인데, 한 문제씩 등장하는 어법, 어휘보다 비중이 매우 높은 빈칸(최대 5문제) 유형을 공략하는 것이 좋다.

학습하는 어휘 난이도는 실전어휘 수준으로 약간 상향 조정한다. 이미 기본필수어휘를 충분히 익혔다면, 독해 문제를 풀다가 모르는 어휘를 반복 암기해도 좋다.

고2 2017	1월	2월	3월	4월	5월	6월	7월	8월	9월	10월	11월	12월
	■	■	■	내신	■	내신	■	■	내신	■	내신	■

실전어휘 / 독해 유형별 집중드릴 →

빈칸 유형 집중학습 →

실전어휘 / 독해 모의고사 →

3학년 PLAN A EBS연계교재

아래 표에서 볼 수 있듯이 3학년은 시험의 연속이다. 또한 3월 학평과 4월 중간고사 이후, 지원 대학과 전형의 윤곽을 가늠하여 5월경부터는 수시준비(논술 또는 자기소개서 등) 등 본격적인 지원준비를 시작하게 된다. 이와 동시에 EBS연계교재에 대한 학습이 진행되어야 하는데, 앞서 2학년까지의 학습 플랜을 성공적으로 실천하였다면 그리 어렵지 않게 모든 일정을 마칠 수 있으리라 확신한다.

고3 2018		1월	2월	3월	4월	5월	6월	7월	8월	9월	10월	11월	12월
	시험			학평	학평 중간고사		모평	학평 기말고사		모평	학평	수능	
	전형 일정								수능 접수	수시 접수			정시 지원
	주요 사항			지원 대학 윤곽	지원 전형 윤곽	수시 준비 시작			수시 지원 마무리 수능 100일 전		수능 30일 전		
	EBS 교재 출시	수능특강		인터넷 수능 I, II			수능완성						

EBS 연계교재 학습 / EBS 연계교재 어휘 →

변형모의고사 기출문제 →

How to Study

"핵심 뜻부터 하나를 확실히 암기하라"

❶ 어휘는 무조건 암기라는 통념을 깨라.

어휘도 이해하고 사고하는 접근이 필요하다. 어휘는 반드시 그 **핵심 뜻**을 중심으로 익혀야 한다. 핵심 뜻을 적용했을 때 우리말 해석이 다소 어색하더라도 의미 이해만 되면 그것으로 족하다.

예를 들어 acquire란 단어처럼 '얻다, 습득하다, 획득하다, 취득하다'의 식으로 비슷비슷한 우리말 뜻이 나열될 수가 있는데, 맨 앞에 나온 '얻다'란 뜻 하나만 외우더라도 의미 이해에 지장이 없다. 그러므로 모든 의미를 무조건 달달 외우려 하지 마라.

He has **acquired** a reputation for honesty. 그는 정직하다는 평판을 **얻었다**.
She has **acquired** a good knowledge of French. 그녀는 훌륭한 프랑스어 지식을 **얻었다**.(→ 습득했다).
The company has just **acquired** new building. 그 회사가 최근에 새 건물을 **얻었다**.(→ 취득했다).

다의어 역시, 대부분 의미가 파생하는 중심이 되는 핵심 뜻이 있다. 핵심 뜻을 다양한 문맥의 예문에 적용하면서 익히는 것은 학습한 어휘를 문맥에 적용할 수 있는 능력도 같이 길러주므로 매우 바람직한 학습법이다.

❷ 최중요 기본어휘의 핵심 뜻을 최단기간에 끝내라.

기본어휘는 완벽하지 않더라도 학습을 진행해나가면서 빈번히 마주치게 될 것이므로 완벽한 학습을 목표로 기간을 너무 길게 잡는 것은 바람직하지 않다.

❸ 접사로 어휘력을 폭발적으로 증대시켜라.

접사의 학습으로 수많은 파생어의 의미를 추론해내는 것이 가능해진다. 접사란 단어 앞이나 뒤에 붙어 의미 또는 품사를 변화시키는 것으로서, 대표적으로 un-은 반대 의미를, -tion은 품사가 명사임을 의미한다.

❹ 시간 간격을 두고 반복하라.

하루 뒤, 일주일 뒤, 한 달 뒤와 같은 식으로 반복 학습하는 것이 잊어버리지 않는 비결이다. 이때, 무조건 반복하기보다는 자신이 기억해낼 수 있도록 이미지 연상이나 의미 연상을 본인이 직접 고안하여 활용하면 좀 더 편하게 암기할 수 있다. 특히 아무리 반복해도 잘 외워지지 않는 것에 적용해보라.

How to Use This Book

최중요 기본어휘

교육청 기본어휘와 수능 빈출어휘를 모아 절대평가 시대 최중요 기본어휘를 엄선하였다.

효과적인 어휘 학습법으로 효율 높이기

핵심 뜻 기준, 접사, 다의어 활용 등 각 어휘를 알맞은 공부법으로 분류하여 효율적인 학습을 유도한다. 어휘가 잘 외워지니 암기 집중력도 Up!

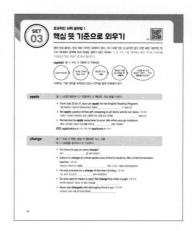

빈출순 최중요 단어 빠르게 완성하기

기출문제와 주요 교과서를 분석하여 시험에 자주 등장하는 단어들만 모았다. 빈출 순대로 정리된 어휘들까지 빠르게 완성한다!

절대평가 수능 영어를 위한 로드맵

아는 것에만 그치면 안 되는 것이 공부! 앞으로의 영어 공부를 가장 효율적으로 할 수 있는 학습계획과 방향을 설정하였다.

고교영어 절대평가

PLAN A
어휘

Doing the right things right!

Contents

SET 01

효과적인 어휘 공부법 1

핵심 뜻 기준으로 외우기

기본 뜻은 같은데 품사만 달라지는 단어는 핵심 의미만 외워서 쓰인 자리에 알맞게 해석한다.

reply 명 대답 ··· 동 대답하다
import 명 수입(품) ··· 동 수입하다

---

conflict
명 갈등, 충돌 ··· 동 충돌[상충]하다

- We always try to avoid **conflict**.
  우리는 항상 _____을 피하려고 노력한다.
- Our goals for the project **conflicted**.
  그 프로젝트에 대한 우리의 목표는 _____.

---

function
명 기능 ··· 동 기능[작동]하다

- This MP3 player has a voice recording **function**. [기출 응용]
  이 MP3 기기에는 음성 녹음 _____이 있습니다.
- Our brains need healthful foods in order to **function** well.
  우리의 뇌가 제대로 _____위해서는 건강에 좋은 음식이 필요하다.

파생어 **functional** 형 기능(상)의; 실용적인

---

burden
명 부담, 짐 ··· 동 부담[짐]을 지우다

- For me, studying abroad is a heavy **burden** because it costs so much money. [기출 응용]
  내게 외국에서 공부를 한다는 것은 무거운 _____인데, 왜냐하면 너무나 많은 돈이 들기 때문이다.
- I don't want to **burden** you with my problems.
  내 문제로 네게 _____ 싶지는 않아.

파생어 **burdensome** 형 부담스러운, 힘든

---

aim
명 목적, 목표 ··· 동 목표로 하다

- My **aim** is to create something valuable.
  내 _____는 가치 있는 무언가를 만들어내는 것이다.
- This year our basketball team **aims** to win the national championship. [기출 응용]
  올해 우리 농구팀은 전국 선수권 대회에서 이기는 것을 _____.
- His new novel is **aimed** at fans of horror stories. [기출 응용]
  그의 새 소설은 공포 소설의 팬들을 _____.

import
[명] 수입(품) ··· [동] 수입하다 (↔ export)

- This car is an **import** from Italy.
  이 차는 이태리 _____ 이다.
- After years without rain, the nation has to **import** most of its food now.
  수년간 비가 내리지 않아서, 그 국가는 이제 식품 대부분을 _____ 만 한다.

worth
[형] ~의 가치가 있는 [명] 가치, 값어치

- A picture is **worth** a thousand words. [기출 응용]
  한 번 보는 것이 천 마디 말의 _____. (= 백문이 불여일견이다.)
- Billions of dollars' **worth** of food is thrown out each year, which is a huge waste! [기출 응용]
  수십억 달러 _____ 음식이 매년 버려지고 있는데, 이것은 엄청난 낭비다!

  파생어 **worthwhile** [형] 가치[보람]있는 **worthless** [형] 가치 없는

sacrifice
[명] 희생 ··· [동] 희생하다

- We must make **sacrifices** to achieve this goal.
  이 목표를 달성하려면 우리가 _____ 해야 한다.
- Famous stars often have to **sacrifice** their personal lives for success. [기출 응용]
  유명한 스타들은 성공을 위해 종종 사생활을 _____.

wound
[명] 상처, 부상 ··· [동] 상처[부상]를 입히다

- I burned my hand, so I have to clean and bandage the **wound** every day.
  손에 화상을 입어서 매일 _____ 를 소독하고 붕대를 감아야 한다.
- Some people were badly **wounded** in the gunfight and were taken to a hospital by ambulance. [기출 응용]
  몇몇 사람들이 총격전에서 심하게 _____ 구급차로 병원으로 후송됐다.

  파생어 **wounded** [형] 부상을 입은

advance
[명] 전진, 발전 ··· [동] 전진하다, 발전[향상]하다

- Thanks to **advances** in technology, ordinary people can travel on space shuttles.
  [기출 응용]
  기술의 _____ 덕분에 평범한 사람들이 우주선을 타고 여행할 수 있다.
- With this book, you can **advance** your vocabulary the smart way. [기출 응용]
  이 책으로 당신의 어휘 실력을 현명하게 _____ 수 있습니다.

gain

동 얻다 … **명** 이익; 증가

- Students can **gain** valuable work experience from an internship program.
  학생들은 인턴십 프로그램을 통해 값진 업무 경험을 _____ 수 있다.
- Some power bloggers use their sites for financial **gain**.
  어떤 파워 블로거들은 자신들의 사이트를 경제적 _____ 을 얻는 데 사용한다.
- Drinking soda too often could cause weight **gain**.
  탄산음료를 너무 자주 마시면 체중 _____ 로 이어질 수 있다.

ideal

형 이상적인 … **명** 이상

- I believe you are an **ideal** person for this job. You have perfect knowledge of this field.
  [기출 응용]
  나는 당신이 이 일에 _____ 사람이라고 믿습니다. 당신은 이 분야에 대해 완벽한 지식을 가지고
  있어요.
- There is always a gap between reality and **ideals**.
  현실과 _____ 사이에는 언제나 괴리가 있다.

labor

명 노동(자), 일 … **동** 노동하다, 일하다

- Because of the falling birthrate, the total **labor** force is decreasing. [기출 응용]
  감소하는 출산율 때문에 총 _____ 력이 줄고 있다.
- They **labored** all day in the factory.
  그들은 공장에서 하루 종일 _____.

shade

명 그늘 … **동** 그늘지게 하다

- It's too hot to be out in the sun, but there is no **shade** in sight. [기출 응용]
  뙤약볕에 있는 것이 너무 더운데 보이는 곳에 _____ 이 없네.
- A blind helps to keep a room cool and **shaded**. [기출 응용]
  블라인드는 방을 시원하고 _____ 하는 데 도움이 된다.

파생어 **shady** **형** 그늘이 드리워진

range

명 범위 … **동** (범위가) ~에서 ~사이이다

- This is outside the **range** of my experience.
  이것은 내 경험 _____ 밖에 있는 일이다.
- The book is designed for children whose ages **range** between 7 and 13.
  그 책은 7세에서 13세 _____ 어린이를 위해 만들어졌다.

shelter 　　 명 피난처, 보호소 ⋯ 동 피난처를 제공하다, 보호하다

- an animal **shelter** 동물 _____
- At the beach, the parasol **sheltered** us from the burning sun. [기출 응용]
  해변에서 파라솔이 타오르는 태양으로부터 우리를 _____.

swing 　　 동 흔들리다[흔들다] ⋯ 명 흔들림, 변화; 그네

- The shirt on the clothesline was **swinging** softly from side to side in the wind. [기출 응용]
  빨랫줄의 셔츠가 바람에 부드럽게 좌우로 _____ 있었다.
- sudden mood **swings** [기출 응용]
  갑작스러운 기분 _____

trade 　　 명 거래, 무역 ⋯ 동 거래[무역]하다

- international **trade** 국제 _____
- The two countries continue to **trade** with each other.
  두 국가는 계속해서 서로 _____.

quarrel 　　 명 말다툼 ⋯ 동 말다툼하다

- I had a **quarrel** with my friend two weeks ago.
  나는 2주 전에 친구와 _____ 을 했다.
- The couple next door **quarreled** so loudly that I had to call the police.
  옆집 부부가 너무 시끄럽게 _____ 나는 경찰을 부를 수밖에 없었다.

root 　　 명 뿌리 ⋯ 동 뿌리를 내리다; 뿌리내리게 하다

- Jazz has its **roots** in traditional African music.
  재즈는 전통 아프리카 음악에 그 _____ 를 두고 있다.
- When you plant seeds, they will **root** in about six to eight weeks.
  씨앗을 심으면, 대략 6주에서 8주 사이에 _____.

signal 　　 명 신호 ⋯ 동 신호를 보내다

- Always obey traffic **signals**.
  언제나 교통 _____ 를 준수하라.
- My friends **signaled** at me to come over to their table.
  친구들이 그들의 테이블로 오라고 나에게 _____.

단어의 여러 뜻을 무작정 암기하지 말고 확장되는 의미는 핵심 뜻을 기준으로 연결고리를 만든다. 다음 단어들은 같은 품사에서 의미가 확장되는 경우이다.

practice
명 실행, 실천 ⋯ (일상적인) 실행, 실천 ⋯ 명 관행, 관습, 습관
⋯ (실력 향상을 위한) 실행, 실천 ⋯ 명 연습
동 행하다; 연습하다

- put ideas into **practice** 생각을 _____에 옮기다
- common **practice** 일반적인 _____
- I'm going to **practice** the guitar by myself. I don't have money for lessons. [기출 응용]
  나는 기타를 혼자 _____ 거야. 교습을 받을 돈이 없거든.

파생어 **practical** 형 현실적인, 실질적인; 실용적인

respond
동 반응하다 ⋯ (질문에) 반응하다 ⋯ 동 대답하다

- People **responded** to the artwork with words of praise. [기출 응용]
  사람들은 찬사의 말로 그 예술작품에 _____.
- Please **respond** to this message as soon as possible. [기출 응용]
  이 메시지에 가능한 한 빨리 _____ 주세요.

파생어 **response** 명 반응; 대답 **respondent** 명 응답자

maintain
동 유지하다 ⋯ (의견이나 생각을) 유지하다 ⋯ 동 (~이라고 계속) 주장하다

- My father **maintains** excellent health through regular exercise. [기출 응용]
  아버지는 규칙적인 운동을 통해서 훌륭한 건강 상태를 _____.
- She **maintained** that she was right.
  그녀는 자기가 옳다고 _____.

파생어 **maintenance** 명 유지

consume
동 소모[소비]하다 ⋯ (음식이나 음료를) 소비하다 ⋯ 동 먹다, 마시다

- This year we **consumed** the greatest amount of electricity ever recorded for summer.
  [기출 응용]
  올해 여름에 우리는 기록된 것 중 가장 많은 양의 전기를 _____.
- If you do **consume** coffee, limit it to one cup per day.
  커피를 _____면, 하루에 한 잔으로 제한해라.

파생어 **consumption** 명 소모, 소비 **consumer** 명 소비자

property

명 재산; 부동산 ⋯ 사물이 가진 재산, 자질 ⋯ **명** ((주로 복수형)) 속성, 특성

- With the money from the **property** his father left him he founded a school. [기출 응용]
  그의 아버지가 그에게 남긴 _____ 에서 나온 돈으로 그는 학교를 설립했다.

- A **property** of garlic is its strong odor.
  마늘의 한 가지 _____ 은 강한 냄새이다.

raise

동 (들어) 올리다 ⋯ (아이, 동물을) 올리다, 자라게 하다 ⋯ **동** 키우다, 기르다
⋯ (돈을 모아 액수를) 올리다 ⋯ **동** 모금하다
⋯ (문제, 안건 등을) 올리다 ⋯ **동** 제기하다
명 (임금의) 인상

- My mom was so sick that she couldn't even **raise** her head. [기출 응용]
  엄마는 너무 아파서 머리도 _____ 못하셨다.

- If prices of imported goods are **raised**, demand for them will decrease. [기출 응용]
  수입 상품의 가격이 _____ 그것에 대한 수요는 줄어들 것이다.

- Uncle Joe and Aunty Kay **raised** me as their own son after my parents died. [기출 응용]
  부모님께서 돌아가신 후에 조 삼촌과 케이 숙모가 나를 친아들처럼 _____.

- Our school will have a bazaar to **raise** money for the homeless. [기출 응용]
  우리 학교는 노숙자들을 위한 기금을 _____ 위해 바자회를 열 것이다.

- I **raised** some points to discuss at the meeting. [기출 응용]
  나는 회의 중에 논의할 몇 가지 사항들을 _____.

- My sales increased by 60% this year. I'll ask my boss for a **raise**. [기출 응용]
  올해 내 영업 실적이 60% 증가했어. 나는 상사한테 임금 _____ 을 요구할 거야.

contribute

동 기부[기여]하다 ⋯ (발생하는 데) 기여하다 ⋯ **동** 원인이 되다

- Taking a walk after a meal **contributes** to consuming the calories you ate. [기출 응용]
  식사 후에 산책하는 것은 당신이 먹은 칼로리를 소모하는 데 _____.

- Speed is a **contributing** factor in many road accidents.
  속도는 많은 도로 사고에서 _____ 요소이다.

파생어 **contribution** **명** 기부(금), 기여

represent

동 나타내다, 보여주다 ⋯ (대신해) 나타내다 ⋯ **동** 대표하다

- People **represent** their thoughts and ideas through language. [기출 응용]
  사람들은 언어를 통해 그들의 생각과 견해를 _____.

- He **represented** Korea at the conference.
  그는 회의에서 한국을 _____.

파생어 **representation** **명** 표현, 묘사; 대표, 대리 **representative** **명** 대표자, 대리인 **형** 대표하는

exhibit

통 전시하다 ⋯ 통 (감정, 특징 등을) 보이다
명 전시회; 전시품

- If you win first prize in the art contest, your painting will be **exhibited** in the National Gallery. [기출 응용]
  미술 대회에서 1등을 하면 당신의 그림이 국립 미술관에 _____ 것입니다.
- He **exhibited** a lot of interest in music when he was young.
  그는 어렸을 때 음악에 관심을 _____.
- Have you seen the new **exhibit**? 새로운 그 _____ 를 본 적이 있습니까?

파생어 **exhibition** 명 전시(회); 표현

settle

통 정착하다 ⋯ (논쟁 등을) 정착시키다 ⋯ 통 해결하다
⋯ (미결정사항을) 정착시키다 ⋯ 통 (마침내) 결정하다

- Many Koreans have **settled** in New York.
  많은 한국인이 뉴욕에 _____.
- We need to **settle** the matter as soon as possible.
  우리는 되도록 빨리 그 문제를 _____ 한다.
- Everything is **settled** for our trip. We have our flights and hotels booked. [기출 응용]
  여행을 위한 모든 것이 _____. 우리는 비행기와 호텔을 예약해 놓았다.

파생어 **settlement** 명 정착(지); (논쟁 등을 끝내는) 합의 **settler** 명 정착민

raw

형 날것의 ⋯ 형 가공되지 않은

- I love the taste of fresh **raw** meat.
  나는 신선한 _____ 고기 맛을 아주 좋아한다.
- **raw** material _____ 재료 (= 원자재, 원료)

solid

형 고체의, 단단한 ⋯ (고체처럼) 단단한 ⋯ 형 (기반이) 탄탄한, 확실한
명 고체

- His muscles are very **solid**. 그의 근육은 매우 _____.
- **solid** evidence _____ 증거
- liquids and **solids** 액체와 _____

rule

명 규칙 ⋯ 규칙으로 다스림 ⋯ 명 통치, 지배
통 통치[지배]하다

- the basic **rules** of grammar 기본적인 문법 _____
- Democracy means the **rule** of the people.
  민주주의는 국민에 의한 _____를 의미한다.
- Rome **ruled** the world for more than 500 years.
  로마는 500년 이상 동안 세상을 _____.

다음 단어들은 품사가 바뀔 때 의미가 확장되는 경우이다. 이 단어들 역시 확장되는 의미는 핵심 뜻을 기준으로 연결고리를
만들어서 이해한다.

face   얼굴을 마주하다 ···›   통 직면하다

amount   명 양 ···›   통 (양이) ~에 이르다

- Your blood normally has a certain **amount** of fat and salt in it. [기출 응용]
  혈액은 보통 일정 _____ 의 지방과 염분을 가지고 있다.
- According to the news report, consumer price growth will **amount** to 5% in March.
  [기출 응용]
  뉴스 기사에 따르면 3월에 소비자 물가 상승은 5퍼센트에 _____ 것이다.

benefit   명 이익 ···›   통 이익을 얻다

- He helped us for no personal **benefit**.
  그는 아무 개인적인 _____ 없이 우리를 도와주었다.
- Many patients will **benefit** from the new drug.
  많은 환자가 그 새로운 약으로 _____ 것이다.

파생어 **beneficial** 형 유익한

wave   명 파도, 물결 ···›   통 (물결치듯) 흔들다, 움직이다

- The wind was very strong and the **waves** were very high.
  바람이 매우 세고 _____ 가 매우 높았다.
- The crowd cheered and **waved** the Korean flag as the champion passed. [기출 응용]
  군중은 그 챔피언이 지나가자 환호하며 태극기를 _____.

favor   명 호의 ···›   (특정 의견에 대한) 호의 ···›   명 찬성, 지지
             ···› (~에) 호의를 보이다 ···›   통 찬성하다
             ···› 한쪽에만 호의를 보이다 ···›   통 편애하다

- I want to return the **favor** back to you.
  내가 받은 _____ 를 네게 돌려주고 싶어.
- My ideas have gained **favor** with many students.
  내 의견은 많은 학생의 _____ 를 얻었다.
- Most voters **favor** these tax cuts.
  대부분 유권자는 이러한 세금 감면에 _____.
- Most Asian families traditionally **favored** sons over daughters, but this is no longer
  the case. [기출 응용]
  대부분의 아시아인 가족들은 전통적으로 딸보다 아들을 _____, 더는 그렇지 않다.

senior

형 고위의, 상위의 ···▷ 명 연장자 ···▷ (학교의 연장자) ···▷ 명 졸업반 학생

- a **senior** manager _____ 관리자
- the **senior** members of a family
  집안의 _____들
- All the **seniors** must have their picture taken for the graduation yearbook. [기출 응용]
  모든 _____은 졸업 앨범을 위해서 사진을 찍어야 합니다.

track

명 길, 자취 ···▷ 통 (자취 등을 따라) 추적하다

- We followed the **tracks** in the snow.
  우리는 눈에 나 있는 _____를 따라갔다.
- The detective is **tracking** down clues to the murder.
  탐정은 살인사건의 단서를 _____ 있다.

value

명 가치 ···▷ 통 가치 있게 여기다; (가치를) 평가하다

- The **value** of old stamps increases as time goes by. [기출 응용]
  오래된 우표의 _____는 시간이 지날수록 증가한다.
- Her invention is **valued** because it is unique and highly practical. [기출 응용]
  그녀의 발명품은 독특하고 매우 실용적이어서 _____.

파생어 **valuable** 형 소중한, 귀중한

face

명 얼굴 ···▷ 얼굴을 마주하다 ···▷ 통 직면하다

- Your **face** looks familiar to me.
  당신의 _____은 내게 낯이 익어요.
- I'm **faced** with a complex problem.
  나는 복잡한 문제에 _____ 있다.

risk

명 위험 ···▷ 통 ~하는 위험을 무릅쓰다

- You can reduce the **risk** of heart disease by exercising regularly.
  규칙적으로 운동함으로써 심장병의 _____을 줄일 수 있다.
- The firefighter **risked** his life to save the baby.
  그 소방대원은 아기를 구하기 위해 생명의 _____.

파생어 **risky** 형 위험한

force

명 힘 ···› 힘으로 시키다 ···› 통 강요하다

- The **force** of the wind blew down many trees.
  바람의 _____ 때문에 많은 나무가 쓰러졌다.
- Don't **force** me to make a decision.
  내게 결정하라고 _____ 마.

ruin

통 망치다 ···› 망쳐진 것 ···› 명 ((복수형)) 폐허

- The bad weather **ruined** our trip.
  나쁜 날씨가 우리 여행을 _____.
- The hurricane has left the area in **ruins**.
  허리케인이 그 지역을 _____가 되게 했다.

rank

명 지위, 등급

···› 통 (등급, 순위 등을) 차지하다; (등급, 순위 등을) 매기다

- I'm not concerned about **rank** or wealth.
  나는 _____나 부(富)에 관심이 없다.
- He is currently the highest **ranked** player in the world.
  그는 현재 세계 최고 선수 위치를 _____ 있다.

파생어 **ranking** 명 순위, 랭킹

medium

형 중간의 ···› 중간에서 이어주는 것 ···› 명 매체, 수단 ((복수형 media))

- My husband has an average build, so he wears a **medium** size shirt. [기출 응용]
  내 남편은 평균 체격이어서 _____ 사이즈의 셔츠를 입는다.
- Television is an ideal advertising **medium**. Products advertised on TV may be seen by millions. [기출 응용]
  TV는 이상적인 광고 _____ 이다. TV에 광고되는 상품들을 수백만의 사람이 볼 수 있다.

Review Test

001	respond		019	favor
002	burden		020	shelter
003	shade		021	practice
004	represent		022	settle
005	import		023	wave
006	property		024	sacrifice
007	amount		025	rule
008	quarrel		026	solid
009	risk		027	track
010	wound		028	labor
011	rank		029	face
012	value		030	ruin
013	ideal		031	conflict
014	aim		032	exhibit
015	contribute		033	root
016	signal		034	medium
017	gain		035	range
018	force		036	benefit

037	raise
038	swing
039	maintain
040	worth
041	function
042	advance
043	trade
044	consume
045	raw
046	senior

효과적인 어휘 공부법 2
주요 접사 익히기

접사는 어근의 앞 또는 뒤에 붙어 품사를 바꾸거나 뜻을 더해 새로운 단어를 만드는데, 대부분의 어휘는 접사가 붙어 의미나 기능(즉, 품사)이 변화된다. 접사를 모르면 모두 다 새로 외워야 하는 단어이지만, 필수 접사의 뜻과 기능을 알아두면 외울 필요가 없는 단어가 되므로 이해할 수 있는 어휘의 수가 폭발적으로 늘어난다.

01 필수 접두사

의미	접두사	예시	뜻
not	in-	**in**evitable	피할 수 없는
	im-	**im**perfect	불완전한
	il-	**il**legal	불법의
	ir-	**ir**regular	불규칙적인
	un-	**un**usual	특이한
	dis-	**dis**agree	동의하지 않다
against (~에 대항[반대]하여)	anti-	**anti**biotic	항생제, 항생물질
	contra-	**contra**ry	~와 반대되는
together (함께)	co-	**co**operation	협동
	com-	**com**pose	구성하다
	con-	**con**form	따르다
	cor-	**cor**respond	일치[부합]하다
	sym-	**sym**pathy	동정, 연민
make (~이 되게 하다)	en-	**en**able	~할 수 있게 하다
moving (이동)	trans-	**trans**form	변형시키다
between (~ 사이에)	inter-	**inter**act	상호작용하다
out (~ 밖으로)	ex-	**ex**pand	확장하다
	extra-	**extra**ordinary	비범한
	out-	**out**come	결과
in (~ 안으로)	in-	**in**come	소득, 수입
before (~ 전에)	fore-	**fore**see	예견하다
forward (앞으로)	pro-	**pro**gress	전진하다
after (~ 뒤에, 후에)	post-	**post**pone	미루다, 연기하다
back (뒤쪽으로)	with-	**with**draw	철회[취소]하다
again (다시)	re-	**re**new	갱신하다
over (넘어, 위에)	over-	**over**come	극복하다
	sur-	**sur**face	표면

under (아래에)	under-	**under**ground	지하의
	de-	**de**press	침체시키다
one	uni-	**uni**form	제복; 획일적인

02 필수 접미사

기능	의미	접미사	예시	뜻
형용사를 만드는 접미사	~할 수 있는(가능성, 능력)	**-able**	afford**able**	감당할 수 있는
	~이 가득한, ~의 특징이 있는	**-ful**	thought**ful**	사려 깊은
	~이 없는	**-less**	fruit**less**	성과 없는
	~하는, ~하고 있는(능동, 진행)	**-ing**	promis**ing**	유망한
	~한, ~된(완료, 수동), ~의 특징이 있는	**-ed**	experienc**ed**	경험이 있는, 노련한
	~하는 성질이 있는, ~이 가득한	**-(it)ive**	respons**ive**	즉각 반응하는
		-(i)ous	spaci**ous**	널찍한
	~의, ~와 관련된	**-(u)al**	habitu**al**	습관적인
	~이 가득한, ~의 특징이 있는	**-y**	risk**y**	위험한
명사를 만드는 접미사	~하는 사람	**-er**	labor**er**	노동자
		-or	conduct**or**	지휘자
		-ant/-ent	assist**ant**	조수, 보조원
	~에 대한 전문가	**-(i)an**	histori**an**	역사학자
	행위, 성질, 상태	**-ion/-(a)tion**	elect**ion**	선거
		-ness	serious**ness**	심각함
	성질, 상태	**-ity**	curios**ity**	호기심
		-th	grow**th**	성장, 증가
	행위, 성질, 상태	**-ance/-ence**	entr**ance**	입장; 입구
		-ment	treat**ment**	치료; 대우
동사를 만드는 접미사	~하게 만들다, ~하게 되다	**-en**	wid**en**	넓히다
	~화하다, ~되다	**-ify**	pur**ify**	정화하다
		-ize	personal**ize**	개인화하다

in- 부정(not)

| **inevitable** | 휑 불가피한, 필연적인
in(=not) + **evitable**(피할 수 있는) → 피할 수 없는 |

- Aging is an **inevitable** part of human life.
  노화는 인간의 삶에 _____ 요소이다.

  파생어 **inevitably** 튄 불가피하게, 필연적으로

dis- 부정(not)

| **disappear** | 통 사라지다, 없어지다
dis(=not) + **appear**(보이다) → 보이지 않다 |

- The sun **disappeared** behind a cloud.
  해가 구름 뒤로 _____.

anti- ～에 대항[반대]하여(against)

| **antibiotic** | 명 항생제, 항생물질
anti(=against) + **biotic**(생물의) → 미생물의 기능을 막는 것 → 항생제, 항생물질 |

- The widespread use of **antibiotics** began in the 1940s.
  1940년대부터 _____는 널리 사용되기 시작했다.

contra-, contro- ～에 대항[반대]하여(against)

| **contrary** | 휑 ～와는 반대되는 명 반대
contra(=against) + **ry**(형용사 접미사) → 반대의 |

- **Contrary** to popular belief, the need for sleep doesn't decrease with age. [기출 응용]
  일반적인 생각과는 _____, 나이가 듦에 따라 잠의 필요성이 줄어드는 것은 아니다.
- The test will not be easy; on the **contrary**, it will be very difficult.
  시험은 쉽지 않을 것이다. _____, 매우 어려울 것이다.

| **contradict** | 통 반박[부정]하다; 모순되다
contra(=against) + **dict**(=tell) → 반대되는 말을 하다 → 반박하다 |

- **contradict** a rumor 소문을 _____
- His face and response **contradicted** each other.
  그의 표정과 반응은 서로 _____.

  파생어 **contradiction** 명 반박; 모순 **contradictory** 휑 모순되는

controversy 명 논란

contro(=against) + vers(=turn) + y(명사 접미사) → (서로) 반대되는 말을 주고받음 → **논란**

- The decision created much **controversy** among the students.
  그 결정은 학생들 사이에서 많은 _____ 을 일으켰다.

파생어 **controversial** 형 논란이 많은

com-, con- 함께(together)

compose 동 구성하다; (음악, 글 등을) 작곡하다, 쓰다

com(=together) + pos(e)(=put) → **구성하다**

- The English test is **composed** of listening and reading.
  그 영어 시험은 듣기와 읽기로 _____ 있다.
- The singer has **composed** a beautiful song for his new album.
  그 가수는 그의 새 앨범에 실릴 아름다운 곡을 _____.

파생어 **composition** 명 구성; 작곡, 작성 **composer** 명 작곡가

concentrate 동 집중하다

con(=together) + centr(=center) + ate(동사 접미사) → 중심에 함께 모으다

- All that noise makes it hard to **concentrate**.
  저 소음이 _____ 어렵게 만든다.

파생어 **concentration** 명 집중

consequence 명 결과

con(=together) + sequ(=follow) + ence(명사 접미사) → 뒤에 함께 따라오는 것

- You are responsible for the **consequences** of your actions.
  당신은 자신이 한 행동의 _____ 에 책임이 있다.

파생어 **consequently** 부 그 결과로, 따라서

conform 동 따르다, 순응하다

con(=together) + form(=shape) → 함께 형성하다 → 집단 구성원들과 행동을 같이 하다 → (~에) **따르다, 순응하다**

- **conform** to safety rules 안전 규칙을 _____

cor-, sym- 함께(together)

correspond

(통) 일치[부합]하다

cor(=together) + respond(응하다) → 함께 응하다 → 일치[부합]하다

- Brian's actions do not **correspond** with his words.
  브라이언의 행동은 그의 말과 _____ 않는다.

sympathy

(명) 동정, 연민; 동조, 지지

sym(=together) + path(=feel) + y(명사 접미사) → 함께 느낌

- He had great **sympathy** for the poor, and helped them throughout his entire life.
  [기출 응용]
  그는 가난한 사람들에게 큰 _____ 을 가지고 평생 그들을 도왔다.
- I have **sympathies** with his point of view.
  나는 그의 견해에 _____ 를 한다.

en- ① ~이 되게 하다(make) ② ~ 안에(in)

enable

(통) ~할 수 있게 하다, 가능하게 하다

en(=make) + able(~할 수 있는) → ~할 수 있게 하다

- My glasses **enable** me to see things more clearly. [기출 응용]
  안경은 내가 사물을 더 분명하게 볼 _____ 한다.

ensure

(통) 보장하다, 반드시 ~하게 하다

en(=make) + sure(확실한) → 보장하다, 반드시 ~하게 하다

- To **ensure** riders' safety, bicycle rentals include helmets and gloves. [기출 응용]
  자전거 이용자들의 안전을 _____ 위해서 자전거와 함께 헬멧과 장갑도 대여해 드립니다.
- Please **ensure** that your mobile phone is switched off inside the theater. [기출 응용]
  극장 안에서는 휴대전화의 전원을 _____ 끄도록 하십시오.

enclose

(통) 동봉하다; 둘러싸다

en(~속에 넣다) + close(닫다) → 안에 넣고 닫다 → 동봉하다, 둘러싸다

- She **enclosed** a photo with the card.
  그녀는 카드와 함께 사진을 _____.
- The garden is **enclosed** by a fence.
  그 정원은 울타리로 _____ 있다.

trans- 이쪽에서 저쪽으로(across)

transfer

동 이동하다; 갈아타다, 환승하다
명 이동; 환승

trans(=across) + **fer**(=carry) → 가로질러 나르다 → 옮기다, 이동하다

- Lara recently **transferred** to the accounting department. She hated working in the marketing department. [기출 응용]
  라라는 최근 회계 부서로 _____. 그녀는 마케팅 부서에서 일하는 것을 싫어했다.

- You can **transfer** to the Blue Line, Line 4, at the next station. [기출 응용]
  당신은 다음 정거장에서 파란색 라인인 4호선으로 _____ 수 있습니다.

- Because I prefer city life, I want a **transfer** to a city office. [기출 응용]
  나는 도시 생활을 선호해서 도심 사무실로의 _____ 을 원한다.

transform

동 (완전히) 변형[변화]시키다

trans(=across) + **form** → 이쪽에서 저쪽으로 형태를 바꾸다 → 변형시키다

- The new wallpaper completely **transformed** the room.
  새로운 벽지가 방을 완전히 _____.

파생어 **transformation** 명 (완전한) 변화

translate

동 번역하다[되다]; 바꾸다[바뀌다]

trans(=across) + **lat(e)**(=bring) → 이쪽에서 저쪽으로 옮기다 ┌ (다른 언어로) 바꾸다 → **번역하다**
└ (다른 형태로) 바꾸다[바뀌다]

- Oh, this manual is in English. Can you **translate** it into Korean? [기출 응용]
  이런, 이 설명서는 영어로 되어 있네. 이걸 한글로 _____ 줄래?

- You need to **translate** your ideas into action.
  당신은 생각을 행동으로 _____ 한다.

파생어 **translation** 명 번역 **translator** 명 번역가

inter- ∼ 사이에(between)

interact

동 상호작용하다, 소통하다

inter(=between) + act(행동하다) → 상호작용하다, 소통하다

- We **interact** with other people every day.
  우리는 매일 다른 사람들과 _____.

  파생어 **interactive** 형 상호작용하는 **interaction** 명 상호작용

interfere

동 간섭[방해]하다

inter(=between) + fere(=strike) → 서로 치다 → 간섭하다

- Stress at mealtimes can **interfere** with digestion. [기출 응용]
  식사 시간 동안의 스트레스는 소화를 _____ 수 있다.

  파생어 **interference** 명 간섭, 방해

interrupt

동 방해하다 ; (잠깐) 중단시키다

inter(=between) + rupt(=break) → 사이를 깨고 들어가다 → 방해하다
                                                      (잠깐) 중단시키다

- Early-morning construction work is sure to **interrupt** local people who are trying to sleep. [기출 응용]
  새벽의 공사는 분명 자려는 지역 주민들을 _____ 것이다.
- We **interrupt** this program for a special news report. A fire has broken out at City Hall. [기출 응용]
  특별 뉴스 보도 관계로 이 프로그램을 _____. 시청에 화재가 발생했습니다.

  파생어 **interruption** 명 방해; 중단

ex- ∼ 밖으로, ∼ 밖에(out)

expand

동 팽창하다, 확장[확대]하다

ex(=out) + pand(=spread) → 밖으로 펼쳐나가다

- Water **expands** when it freezes. That's why water pipes break in below-zero weather. [기출 응용]
  물은 얼면 _____. 그것이 수도관이 영하의 날씨에 파열되는 이유다.
- She attracted a number of investors to **expand** her business. [기출 응용]
  그녀는 사업을 _____ 위해 많은 투자자들을 끌어 모았다.

  파생어 **expansion** 명 팽창, 확장

expose

[동] 드러내다, 노출시키다

ex(=out) + **pos(e)**(=place) → 밖으로 내놓다

- Skin damage can happen very easily when unprotected skin is **exposed** to the sun.

  [기출 응용]

  (제대로) 보호되지 않은 피부가 햇볕에 _____ 피부 손상이 매우 쉽게 발생할 수 있다.

  파생어 **exposure** [명] 노출

extract

[동] 뽑다, 추출하다 [명] 추출물; 발췌

ex(=out) + **tract**(=draw) → 밖으로 끌어내다 → 뽑다, 추출하다

- Olive oil is **extracted** from olive seeds.

  올리브유는 올리브 씨에서 _____.

- natural herbal **extracts** 천연 허브 _____

- I took **extracts** from several books and wrote a report.

  나는 몇몇 책에서 _____ 해서 리포트를 작성했다.

extra- ~ 밖으로(outside)

extraordinary

[형] 놀라운, 비범한

extra(=beyond) + **ordinary**(보통의) → 보통을 넘어선

- Cats have the **extraordinary** ability to see in the dark. [기출 응용]

  고양이들은 어둠 속에서 볼 수 있는 _____ 능력을 가지고 있다.

  파생어 **extraordinarily** [부] 이례적으로

out- ~ 밖으로(outside)

outcome

[명] 결과

out(=outside) + **come** → 밖으로 나온 것

- The actual **outcome** of the experiment was totally different from the expected result.

  [기출 응용]

  실험의 실제 결과는 예상된 _____ 와 완전히 달랐다.

outstanding

[형] 뛰어난, 두드러진

out(=outside) + **standing** → 밖으로 튀어나온 → 두드러진, 눈에 잘 띄는

- He is one of the school's most **outstanding** students.

  그는 학교에서 가장 _____ 학생들 중 하나이다.

output 　명 생산[산출](량), 출력 (↔ input)

out(=outside) + put → 밖으로 내놓음

- Our daily **output** of automobiles is about ten.
  저희의 하루 자동차 ＿＿＿＿＿＿＿＿＿은 약 10대 정도입니다.

in- ～ 안에, ～ 안으로

income 　명 소득, 수입

in(=in) + come → 안으로 들어오는 것

- an annual **income** 연간 ＿＿＿＿＿＿＿＿

fore- ～ 전에(before)

foresee 　동 예견하다

fore(=before) + see → 앞을 보다, 미리 보다 → 예견하다

- Did you **foresee** such consequences?
  너는 그런 결과를 ＿＿＿＿＿＿＿＿＿＿＿?

pro- 앞으로(forward)

progress 　명 전진, 진보 동 전진[진보]하다

pro(=forward) + gress(=go) → 앞으로 가다 → 전진하다, 진보하다

- Because I've practiced the flute every day for ten months, I have made much **progress.** [기출 응용]
  열 달 동안 매일 플루트를 연습했기 때문에, 나는 많이 ＿＿＿＿＿＿＿＿했다.
- We **progress** in knowledge. 우리는 지식 면에서 ＿＿＿＿＿＿＿＿＿＿.

propose 　동 제안하다 … (결혼을 제안하다) … 동 청혼하다

pro(=forward) + pose(=put) → 앞으로 내놓다 → 제안하다

- The president will **propose** a new budget at the next meeting.
  대통령은 다음 회의에서 새로운 예산을 ＿＿＿＿＿＿＿＿ 것이다.
- I'll **propose** to my girlfriend with a love song. [기출 응용]
  나는 사랑 노래로 여자 친구한테 ＿＿＿＿＿＿＿＿ 거야.

　파생어 **proposal** 명 제안; 청혼

post- ~ 뒤에, 후에(after)

postpone	图 연기하다, 미루다
	post(=after) + **pon(e)**(=put) → 뒤에 놓다 → 연기하다, 미루다

- The baseball game was **postponed** because of rain.
  야구 경기는 비 때문에 _____.

re- 다시(again)

replace	图 대체하다, 교체하다
	re(=again) + **place**(놓다) → 다시 (다른 것으로) 놓다

- The computer store said they would **replace** my old hard drive with a new one. [기출 응용]
  그 컴퓨터 가게는 내 낡은 하드 드라이브를 새 것으로 _____ 것이라고 말했다.

파생어 **replacement** 명 대체(물), 교체(물)

recover	图 (건강 등이) 회복되다; 되찾다
	re(=again) + **cover**(=take) → 다시 취하다 → 되찾다

- It can take a few days to fully **recover** from a bad cold.
  심한 감기로부터 완전히 _____ 데는 며칠이 걸릴 수 있다.
- The police eventually **recovered** the stolen paintings.
  경찰은 드디어 도난당한 그림을 _____.
- The program helps users to **recover** deleted files from a computer.
  그 프로그램은 사용자가 컴퓨터에서 삭제된 파일을 _____ 것을 도와준다.

파생어 **recovery** 명 회복

reproduce	图 복제[복사]하다; 번식하다
	re(=again) + **produce** → 다시 낳다 → ┌ 복제[복사]하다 └ 번식하다

- Famous paintings are widely **reproduced** as prints, so anybody can own a copy of the originals. [기출 응용]
  유명한 그림들은 인쇄물로 널리 _____ 되므로 누구든지 원본의 복사본을 가질 수 있다.
- Many plants rely on bees to **reproduce**.
  많은 식물이 _____ 위해 벌에 의존한다.

파생어 **reproduction** 명 복제; 번식 **reproductive** 형 번식의

reform

통 개혁[개선]하다 명 개혁[개선]

re(=again) + form(구성하다) → 다시 구성하다 → **개혁하다**

- The laws need to be **reformed**.
  그 법은 _____ 필요가 있다.

- I want to emphasize the necessity of education **reform**. Today's education is too short-sighted. [기출 응용]
  나는 교육 _____ 의 필요성을 강조하고 싶다. 오늘날의 교육은 너무 근시안적이다.

review

통 재검토하다; 논평[비평]하다
명 재검토; 논평, 비평

re(=again) + view(=see) → 다시 보다 → **재검토하다** → (책, 영화 등을) 검토하다 → **논평[비평]하다**

- Make sure you **review** your material well in advance of the test. [기출 응용]
  시험 전에 자료들을 확실히 잘 _____.

- Critics have not yet **reviewed** the movie.
  비평가들은 그 영화를 아직 _____ 않았다.

- The matter is still under **review**.
  그 문제는 아직 _____ 중입니다.

- **Reviews** of the new film were good.
  그 새 영화에 대한 _____ 은 좋았다.

over-, sur- 넘어, ~ 너머, ~ 위에(over, beyond, above)

overcome

통 극복하다

over(넘어) + come → (어려움, 장애 등을) 넘어서다 → **극복하다**

- To survive, plants have to **overcome** problems such as hail and snowstorms. [기출 응용]
  살아남기 위해서 식물들은 우박과 눈보라와 같은 문제들을 _____ 한다.

overlook

통 간과하다; 눈감아 주다; 내려다보다

over(=beyond) + look → 건너(뛰어)서 보다 → **간과하다**

- The detective **overlooked** an important clue.
  그 형사는 중요한 단서 하나를 _____.

- I'll **overlook** your mistake this time.
  이번엔 네 실수를 _____.

- We had a dinner at a restaurant **overlooking** the river.
  우리는 강이 _____ 레스토랑에서 저녁 식사를 했다.

surface

명 표면

sur(=above) + **face**(얼굴) → 얼굴의 윗면 → **표면**

- The **surface** of the road is very slippery.
  도로의 _____이 매우 미끄럽다.

under- 아래에(under, below)

undergo

동 (안 좋은 일 등을) 겪다, 경험하다

under(아래에) + **go**(가다) → (어려움 등의) 아래에 가다 → **겪다**

- **undergo** a change 변화를 _____

undertake

동 (책임을 맡아서) 착수하다

under(아래에) + **take**(받다) → 아래에서 받다

- The science project was much too difficult to **undertake** alone.
  그 과학 프로젝트는 혼자서 _____ 너무 어려웠다.

de- 아래에(under, down)

depress

동 우울하게 만들다

de(=down) + **press**(누르다) → 내리누르다

- I don't mean to **depress** you, but there's no way we can solve the problem.
  너를 _____ 생각은 없지만, 우리가 그 문제를 풀 방법이 없어.

파생어 **depression** **명** 우울; 불경기

descend

동 내려가다[오다] (↔ ascend)

de(=down) + **scend**(=climb) → 아래로 오르다 → 내려가다[오다]

- The elevator **descended** rapidly to the first floor.
  엘리베이터는 1층으로 빠르게 _____.

파생어 **descendant** **명** 자손, 후손

uni- 하나의(one)

union 명 (노동) 조합; 결합
uni(=one) + on → 하나가 됨 ┌ (노동) 조합
                          └ 결합

- The labor **union** demanded higher wages.
  노동 ＿＿＿＿＿＿＿＿은 임금 인상을 요구했다.
- "Yoga" often refers to the **union** of the mind, body and soul.
  '요가'는 종종 마음, 육체 그리고 영혼의 ＿＿＿＿＿＿＿＿을 나타낸다.

unify 동 통합[통일]하다
uni(=one) + fy(=make) → 하나로 만들다 → **통합[통일]하다**

- I don't think **unifying** the two countries will be easy.
  두 나라를 ＿＿＿＿＿＿＿ 일은 쉽지 않을 거라고 생각해.
  파생어 **unification** 명 통합, 통일

-able ～할 수 있는, ～한

valuable 형 가치 있는, 소중한
valu(e)(가치) + -able

- most **valuable** player (MVP) 가장 ＿＿＿＿＿＿＿＿＿ 선수

-ful ～할 수 있는, ～한

successful 형 성공적인
success(성공하다) + -ful

- The treatment was **successful**. 치료는 ＿＿＿＿＿＿이었다.

-(it)ive, -(i)ous ～하는 성질이 있는, ～이 가득한

competitive 형 경쟁을 하는; 경쟁력 있는
compete(경쟁하다) + -itive

- a **competitive** examination ＿＿＿＿＿＿ 시험
- We sell used cars at **competitive** prices. All models will be cheaper than you expect!
  [기출 응용]
  저희는 ＿＿＿＿＿＿＿＿＿ 가격에 중고차를 판매합니다. 모든 모델이 예상보다 저렴할 것입니다!
  파생어 **competitiveness** 명 경쟁력

various

> 형 다양한
> **vary**(각기 다르다) + **-ous**

- These clothes come in **various** colors.
  이 옷은 _____ 색깔로 나옵니다.

[파생어] **variety** 명 다양성 **variation** 명 변화

-(u)al ~의, ~와 관련된

formal

> 형 공식적인, 정식의; 형식상의, 형식적인 (↔ informal)
> **form**(형태, 형식) + **al**

- We attended a **formal** event.
  우리는 _____ 행사에 참석했다.
- **formal** aspects _____ 측면

[파생어] **formally** 부 공식적으로, 정식으로; 형식적으로

-y ~이 가득한, ~의 특징이 있는

guilty

> 형 죄책감이 드는; 유죄의 (↔ innocent)
> **guilt**(죄책감; 유죄) + **-y**

- You don't need to feel **guilty** about it.
  너는 그것에 대해 _____ 느낄 필요는 없어.
- According to law, anyone charged with a crime is considered innocent until the court finds them **guilty**. [기출 응용]
  법에 따르면 범죄로 기소된 사람은 누구나 법정이 _____ 판단하기 전까지는 무죄인 것으로 간주된다.

-ent ~하는 사람

resident

> 명 주민, 거주자
> **reside**(거주하다) + **-ent**

- apartment **residents** 아파트 _____

-th 성질, 상태

growth

명 성장, 증가
grow(자라다) + **-th**

- In Kenya it's common for women to have many babies, so the population **growth** rate is very high. [기출 응용]
  케냐에서는 여성이 아이를 많이 낳는 것이 흔한 일이기 때문에 인구 _____률이 매우 높다.

length

명 길이
leng(=long)(길이가 긴) + **-th**

- This river has a **length** of 50 kilometers.
  이 강은 _____가 50킬로미터이다.

-ance 행위, 성질, 상태

entrance

명 입장; 입구
entr(=enter)(들어가다) + **-ance**

- **Entrance** is not allowed once the musical starts. Please don't be late. [기출 응용]
  뮤지컬이 시작되면 _____이 허용되지 않습니다. 늦지 말아 주세요.
- The box office is at the **entrance** to the theater. [기출 응용]
  매표소는 극장의 _____에 있습니다.

performance

명 공연, 연주회; 성과, 실적
perform(공연하다; 실행하다) + **-ance**

- The **performance** starts at seven.
  _____은 7시에 시작한다.
- improve **performance** _____을 향상시키다.

-en ～하게 만들다, ～하게 되다

threaten

동 협박[위협]하다
threat(협박, 위협) + **-en**(=make)

- To **threaten** another animal, elephants spread their ears wide and make an enormous sound. [기출 응용]
  다른 동물을 _____ 위해 코끼리는 두 귀를 넓게 펼치고 거대한 소리를 낸다.

frighten

동 겁먹게 만들다

fright(두려움) + **-en**(=make)

- The story really **frightened** me.
  그 이야기는 나를 _____.

-ify, ize ~화하다, ~되다

justify

동 정당화하다

just(정당한) + **-ify**(=make)

- Nothing can **justify** murder.
  어떤 것도 살인을 _____ 수는 없다.

파생어 **justified** 형 정당한 **justification** 명 정당한 이유

Review Test

001	consequence	019	postpone
002	income	020	outcome
003	replace	021	justify
004	undertake	022	contradict
005	performance	023	sympathy
006	valuable	024	inevitable
007	interact	025	ensure
008	growth	026	expose
009	extract	027	compose
010	progress	028	surface
011	correspond	029	entrance
012	transform	030	competitive
013	antibiotic	031	descend
014	overcome	032	undergo
015	formal	033	outstanding
016	depress	034	expand
017	successful	035	translate
018	reproduce	036	resident

037	frighten		057	reform
038	unify		058	length
039	enclose		059	contrary
040	review		060	enable
041	interrupt		061	concentrate
042	conform			
043	disappear			
044	controversy			
045	union			
046	various			
047	threaten			
048	guilty			
049	extraordinary			
050	foresee			
051	output			
052	propose			
053	interfere			
054	recover			
055	transfer			
056	overlook			

효과적인 어휘 공부법 3

다의어 공략하기

영어 단어 중에는 뜻이 여러 가지인 다의어가 많다. 각기 다른 뜻인 것 같지만 알고 보면 어떤 기본적인 한 가지 의미에서 문맥에 따라 파생된 경우가 많다. 따라서 그 한 가지 기본 의미에서 확장 의미로 다의어를 학습하면 학습 부담이 몇 배로 줄어든다.

capital 명 ① 수도 ② 대문자 ③ 자본(금)

다의어는 기본 의미를 숙지하고 반드시 문맥을 통해 이해해야 한다.

apply
동 ① 신청[지원]하다 ② 적용하다 ③ (페인트, 크림 등을) 바르다

- From July 25 to 31, you can **apply** for the English Reading Program.
  7월 25일부터 31일까지 영어독서프로그램에 _____ 수 있습니다.

- We **apply** a policy of free gift wrapping to all items sold in our store. [기출 응용]
  저희는 가게에서 판매하는 모든 상품에 무료 선물 포장 정책을 _____ 있습니다.

- Remember to **apply** sunscreen to your skin when you go outdoors.
  밖에 나갈 때는 자외선 차단제를 피부에 _____ 것을 기억해라.

  파생어 **application** 명 신청, 지원; 적용 **applicant** 명 지원자

charge
명 ① 요금 ② 책임, 담당 ③ (범죄의) 기소, 고발
동 ① (요금을) 청구하다 ② 기소하다

- Do I have to pay an extra **charge**?
  추가 _____ 을 내야 하나요?

- Edna is in **charge** of a third-grade class of thirty students. She's their homeroom teacher. [기출 응용]
  에드나는 3학년 반 30명을 _____ 있다. 그녀는 그들의 담임선생님이다.

- He was arrested on a **charge** of drunken driving. [기출 응용]
  그는 음주 운전으로 _____되어 체포되었다.

- Do you want to make a copy? We **charge** five cents a page. [기출 응용]
  복사하시려고요? 저희는 한 장당 5센트를 _____.

- Steve was **charged** with damaging Anne's car. [기출 응용]
  스티브는 앤의 차를 망가뜨린 혐의로 _____.

address

명 주소 동 ① 연설하다 ② 다루다

- What's your email **address**? 당신의 이메일 _____가 뭔가요?
- The actor **addressed** the crowd after he won an award for best actor.
  그 배우는 최고 배우상을 수상받은 후에 관중에게 _____.
- The scientists held a meeting to **address** air pollution.
  과학자들은 대기 오염 문제를 _____ 위해 회의를 개최했다.

subject

명 ① 주제 ② 과목 ③ (그림, 사진 등의) 대상
형 (~의) 영향을 받는
동 ~가 …당하게[받게] 하다

- Special-interest magazines, such as sports magazines, mainly deal with one **subject**.
  [기출 응용]
  스포츠 잡지와 같은 특정한 관심사에 관한 잡지들은 주로 하나의 _____를 다룬다.
- Science is my favorite **subject**, so I enjoy studying it. [기출 응용]
  과학은 내가 제일 좋아하는 _____이라서 공부하는 걸 즐긴다.
- To represent them in detail, you need to be close to the **subjects** you are painting.
  [기출 응용]
  세세하게 표현하기 위해서 당신은 그리고 있는 _____에 가까이 다가갈 필요가 있다.
- Babies are more **subject** to colds and flu than adults. [기출 응용]
  아기들은 성인들보다 더 (쉽게) 감기와 독감의 _____.
- Sometimes we are **subjected** to a lot of stress from work and school.
  우리는 때로 직장과 학교에서 많은 스트레스를 _____.

object

명 ① 물건 ② 목적, 목표 동 반대하다

- If your eyesight is bad, distant **objects** may look unclear. [기출 응용]
  시력이 나쁘면 멀리 있는 _____이 또렷하지 않게 보일 수 있다.
- For most people, the **object** of exercise is to stay healthy. [기출 응용]
  대부분의 사람들에게 운동의 _____은[는] 건강을 유지하는 것이다.
- I **object** to wasteful spending, so I stop my children from buying unnecessary things.
  [기출 응용]
  나는 돈을 낭비하는 것에 _____ 나의 아이들이 불필요한 것을 사지 못하게 한다.

파생어 **objection** 명 반대

current

형 현재의 **명** (물, 공기 등의) 흐름 **명** (특정 집단 사람들 사이의) 경향

- It's hard to keep up with the **current** trends in fashion.
  ＿＿＿＿＿＿＿ 패션 유행을 따라가기가 어렵다.
- Strong air **currents** carried the balloon far away.
  강한 공기의 ＿＿＿＿＿＿＿ 이 풍선을 멀리 날려버렸다.
- There is a growing **current** of support for environmental issues among voters.
  투표자들 사이에서 환경 문제를 지지하는 ＿＿＿＿＿＿＿ 이 늘고 있다.

reflect

동 ① 비추다, 반사하다 ② 반영하다, 나타내다 ③ 깊이[곰곰이] 생각하다

- Moonlight was **reflected** on the surface of the frozen pond.
  달빛이 꽁꽁 언 호수의 표면에 ＿＿＿＿＿＿＿ .
- Coin designs **reflect** both the history and culture of a country. [기출응용]
  동전의 디자인은 한 나라의 역사와 문화를 ＿＿＿＿＿＿＿ .
- Before I make a decision, I need time to **reflect** for a moment.
  나는 결정을 내리기 전에, 잠시 ＿＿＿＿＿＿＿ 시간이 필요하다.

파생어 **reflection** **명** (비추어진) 상; 반영; 심사숙고

term

명 ① 용어, 말 ② 기간 ③ ((복수형)) 조건 ④ 관점 ⑤ 관계

- "Déjà vu" is the **term** for the feeling of having experienced something before.
  데자뷔는 전에 무엇인가 경험했던 것 같은 감정을 가리키는 ＿＿＿＿＿＿＿ 이다.
- The **term** of the contract is 12 months. 계약 ＿＿＿＿＿＿＿ 은 12개월이다.
- I object to the **terms** of the contract. 저는 그 계약 ＿＿＿＿＿＿＿ 에 반대합니다.
- Don't think of health only in **terms** of your body. Mental health is important, too.
  [기출 응용]
  건강을 신체의 ＿＿＿＿＿＿＿ 에서만 생각하지 마라. 정신 건강도 중요하다.
- My ex-boyfriend and I parted on good **terms**; we both wanted to keep our good
  memories. [기출 응용]
  전 남자 친구와 나는 좋은 ＿＿＿＿＿＿＿ 로 헤어졌는데, 우리 둘 다 좋은 기억을 간직하고 싶었기 때문이다.

interest

명 ① 관심, 흥미 ② 이자 ③ 이익
동 (～의) 관심[흥미]을 끌다

- My brother and I share the same **interests**, so we both enjoy playing tennis. [기출 응용]
  형과 나는 같은 ＿＿＿＿＿＿＿ 을[를] 공유해서 우리는 둘 다 테니스를 즐긴다.
- I paid back the money I borrowed from the bank, plus 5% **interest**. [기출 응용]
  나는 은행에서 빌린 돈에 5퍼센트의 ＿＿＿＿＿＿＿ 를 더해서 갚았다.
- He always acts entirely in his own **interests**.
  그는 항상 전적으로 자기 자신의 ＿＿＿＿＿＿＿ 을 위해서 행동한다.
- Mathematics doesn't really **interest** me. 수학은 정말로 나의 ＿＿＿＿＿＿＿ 못한다.

promote

동 ① 촉진[장려]하다 ② 승진시키다

- The campaign **promotes** a safe cycling culture.
  그 캠페인은 안전한 자전거 문화를 _____.
- Jane worked hard and was soon **promoted**.
  제인은 열심히 일해서 빨리 _____.

파생어 **promotion** 명 촉진; 홍보; 승진

mean

동 의미하다 형 못된, 심술궂은

- I don't understand what it **means**. 나는 그것이 무엇을 _____ 이해를 못 하겠어.
- Why are you being so **mean** to me? 너는 왜 그렇게 내게 _____ 구는 거니?

means

명 수단, 방법

- a **means** of communication 의사소통 _____

rate

명 ① 비율, −율 ② 속도 ③ 요금
동 평가하다[되다]

- Korea's birth **rate** is very low. 한국의 출생 _____ 은 매우 낮다.
- People walk at different **rates**. 사람들은 서로 다른 _____ 로 걷는다.
- The room **rate** is 100 pounds a night, not including tax. [기출 응용]
  방 _____ 은 세금을 제외하고 하룻밤에 100파운드입니다.
- That movie is **rated** R, so my thirteen-year-old brother isn't allowed to watch it. [기출 응용]
  그 영화는 R등급으로 _____ 13세인 내 남동생은 보는 것이 허용되지 않는다.

파생어 **rating** 명 평가, 등급

reason

명 ① 이유 ② 이성, 사고력
동 추론[추리]하다

- I want to know the **reason** for your decision. 나는 네 결정에 대한 _____ 를 알고 싶어.
- **Reason** distinguishes man from the animals. _____ 은 인간과 동물을 구분 짓는다.
- I **reasoned** that he was lying. 나는 그가 거짓말을 하고 있다고 _____.

파생어 **reasoning** 명 추론, 추리

sentence

명 ① 문장 ② 형벌
동 (형벌을) 선고하다

- You can find many **sentence** examples in English dictionaries. [기출응용]
  영어 사전에서 많은 수의 _____ 예시들을 찾아볼 수 있다.
- The murderer was **sentenced** to death. 그 살인범은 사형을 _____.

article

명 ① 글, 기사 ② 물건, 물품

- I enjoy reading **articles** in scientific journals. [기출 응용]
  나는 과학 잡지에 있는 _____를 읽는 것을 즐긴다.
- There is a great demand for these **articles**.
  이 _____은 수요가 아주 많다.

notice

명 안내문, 통지 동 (~을) 의식하다, 알다

- Schools will be closed today due to the heavy snow. Students should stay home until further **notice**. [기출 응용]
  폭설 때문에 학교들이 오늘 휴교할 것입니다. 학생들은 다음 _____가 있을 때까지 집에 머물러야 합니다.
- I changed my hairstyle, but my friends didn't **notice** the difference at all. [기출 응용]
  나는 머리 모양을 바꿨지만 내 친구들은 차이를 전혀 _____ 못했다.

파생어 **noticeable** 형 뚜렷한, 분명한

regard

동 여기다
명 ① 관심, 고려 ② 존경 ③ 안부

- We **regard** talking loudly on the phone on public transportation as rude.
  우리는 대중교통에서 전화로 시끄럽게 이야기하는 것을 무례하게 _____.
- People who are always late have little **regard** for others. [기출 응용]
  항상 늦는 사람들은 다른 사람들에 대한 _____가 거의 없는 것이다.
- I have a great **regard** for my father. 나는 아버지를 매우 _____ 한다.
- Give my best **regards** to your parents. [기출 응용] 너희 부모님께 _____ 전해 드려.

feature

명 특징 동 특별히 포함하다, 특징으로 삼다

- An important **feature** of Van Gogh's paintings is the bright colors.
  반 고흐의 화법에서 중요한 _____ 은 밝은 색감이다.
- The building **features** the latest security system.
  그 빌딩은 최신 보안 시스템을 _____ 있다.

reference

명 ① 언급 ② 참조 ③ 추천서

- She made no **reference** to my mistakes, although she was still upset.
  그녀는 여전히 화가 나 있었지만, 나의 실수에 대해 _____하지 않았다.
- There is a list of **references** that might help you at the end of the article.
  이 기사 끝 부분에 도움이 될 만한 _____ 문헌 목록이 있다.
- Her teacher gave her a letter of **reference**.
  그녀의 선생님은 그녀에게 _____를 주었다.

파생어 **refer** 동 ① 언급하다; 부르다 ② 가리키다, 나타내다 ③ 참조하다

account

명 ① 계좌 ② 설명

- The bank clerk kindly explained the process for opening an **account**. [기출 응용]
  그 은행원은 _____를 개설하는 절차에 대해 친절하게 설명해 주었다.
- Can you give a detailed **account** of the accident?
  그 사건에 대해서 자세히 _____ 해 주시겠어요?

board

명 ① 판자, −판 ② 이사회, 위원회
동 탑승하다

판자, −판 ┌ 회의용 탁자 → (책상에 둘러앉은) **이사회, 위원회**
　　　　　└ 판자 바닥을 딛고 들어가다 → **탑승하다**

- Our hotel offers a free shuttle service to the airport; the timetable is on the notice **board**. [기출 응용]
  저희 호텔은 공항까지 무료 셔틀 버스 운행 서비스를 제공합니다. 시간표는 공고_____에 있습니다.
- the **Board** of Education [기출 응용] 교육 _____
- Oh, I guess it's time to say goodbye. I have to **board** the plane soon. [기출 응용]
  오, 이제 헤어질 시간인 것 같아. 곧 비행기에 _____ 해.

fine

형 ① 좋은, 훌륭한 ② (매력적으로) 고운, 섬세한 ③ (알갱이가) 고운
명 벌금 **동** 벌금을 물리다

- **fine** wines and delicious food. _____ 포도주와 맛있는 음식
- **fine** sand _____ 모래
- a parking **fine** 주차위반 _____
- He was **fined** for overdue library books. 그는 도서관 책이 연체되어서 _____.

plain

명 평원 **형** ① 꾸밈없는 ② 분명한, 명백한

- A **plain** is land that's wide, flat, open, and mostly treeless. [기출 응용]
  _____은 넓고 평평하고 탁 트여 있으며 일반적으로 나무가 없는 땅이다.
- I think a **plain** blanket would be good. Too many patterns make me dizzy. [기출 응용]
  내 생각에는 _____ 담요가 좋겠어. 너무 많은 무늬는 어지러워.
- Her message was short, but the meaning was **plain** enough.
  그녀의 메시지는 짧았지만, 의미는 충분히 _____ 했다.

suit

명 ① 정장, 옷 ② 소송
동 (~에게) 맞다

- He wore his gray **suit** today. 오늘 그는 회색 _____을 입었다.
- She filed a **suit** against him for spreading false information.
  그녀는 허위 사실을 퍼뜨린 것에 대해 그를 상대로 _____을 제기했다.
- You should choose the job that will best **suit** your talents and skills. [기출 응용]
  당신의 재능과 기량에 가장 잘 _____ 직업을 골라야 한다.

파생어 **suitable** **형** 적절한, 알맞은

view

명 ① 견해, 관점 ② 전망, 시야
동 (~의 관점에서) 보다, 여기다

- What are your **views** about the subject?
  그 주제에 관해 당신의 _____은[는] 어떻습니까?
- I want a room with an ocean **view**. I want to see the ocean from my window. [기출 응용]
  저는 바다 _____이 있는 방을 원해요. 창문으로 바다를 보고 싶거든요.
- I **view** this job as an opportunity to gain valuable experience.
  나는 이 일을 값진 경험을 얻을 수 있는 기회로 _____.

commit

동 ① (범죄 등을) 저지르다 ② 약속하다

- **commit** a crime 범죄를 _____
- The President **committed** to creating jobs. 대통령은 일자리를 창출해 내겠다고 _____.

파생어 **committed** **형** 전념하는, 헌신적인 **commitment** **명** 약속; 헌신

decline

동 ① 감소하다 ② 거절하다 **명** 감소

- When the economy is in trouble, sales of luxury items quickly **decline**.
  경기가 좋지 않으면, 명품 판매가 급격히 _____.
- I'm sorry but I must **decline** your offer to stay at your place. I've already paid for my hotel room. [기출 응용]
  죄송하지만 당신 집에 머물라는 제안을 _____겠어요. 이미 호텔비를 내서요.
- The rise in fruit prices caused a sharp **decline** in fruit consumption. [기출 응용]
  과일 가격 상승은 과일 소비의 급격한 _____를 야기했다.

capital

명 ① 수도 ② 대문자 ③ 자본(금)

- Beijing is China's **capital**. 베이징은 중국의 _____이다.
- Please write in **capitals**. _____로 써 주십시오.
- Do you have the **capital** to start a new business?
  당신은 새로운 사업을 시작할 _____을 가지고 있습니까?

fit

[동] (~에) 맞다

[형] ① 건강한, 탄탄한 ② (~에) 맞는, 적합한

- This bed is too big. It won't **fit** in my room. [기출 응용]
  이 침대는 너무 커. 내 방에 _____ 않을 거야.
- The secret to my health is jumping rope. It helps me keep physically **fit**. [기출 응용]
  내 건강의 비결은 줄넘기야. 줄넘기는 내가 신체적으로 _____ 유지하도록 도와줘.
- Since her drum skills are excellent, she is **fit** to join our rock band. [기출 응용]
  그녀의 드럼 실력은 훌륭하기 때문에 우리 록 밴드에 합류하기에 _____.

파생어 **fitness** [명] 신체 단련, 건강

observe

[동] ① 관찰하다 ② 준수하다

- Children learn by **observing** their parents. 아이들은 자신의 부모를 _____으로써 배운다.
- It's important to **observe** all traffic signs when you're driving. [기출 응용]
  운전할 때는 모든 교통신호를 _____ 것이 중요하다.

파생어 **observation** [명] 관찰 **observance** [명] 준수

operate

[동] ① (기계를) 작동하다 ② 수술하다

③ (절차, 제도, 사업체 등을) 운영하다

- This radio isn't working. To **operate** it, we need to charge the battery. [기출 응용]
  이 라디오는 작동하지 않는다. 그것을 _____ 위해서는, 배터리를 충전해야 한다.
- The doctor **operated** on my shoulder. 의사는 내 어깨를 _____.
- The cafe is **operated** by an elderly couple. 그 카페는 한 노부부에 의해 _____.

파생어 **operation** [명] 작동, 운영; 수술

fix

[동] ① 고치다 ② 고정시키다 ③ (음식 등을) 준비하다

- He is trying to **fix** my car. 그는 내 차를 _____ 노력 중이다.
- Before Copernican theory was accepted, people believed that the earth was **fixed** at the center of the universe. [기출 응용]
  코페르니쿠스의 이론이 받아들여지기 전에는 사람들이 지구가 우주 한가운데에 _____ 있다고 믿었다.
- I'll **fix** you some sandwiches to take on the picnic. [기출 응용]
  네게 소풍 갈 때 가져갈 샌드위치를 _____ 줄게.

파생어 **fixed** [형] 고정된; 확고한

fancy

[형] 화려한 **[명]** 공상

- **fancy** decorations _____ 장식
- My brother always talked about moving to Africa, but it was just a **fancy**.
  내 남동생은 아프리카로 이사하는 것에 대해 항상 얘기했지만, 그것은 단지 _____일 뿐이었다.

suspend
동 ① 매달다 ② (잠시) 중단하다

- The banana was **suspended** from the ceiling of the cage ; the monkey jumped up to catch it. [기출 응용]
  바나나가 우리의 천장에 ＿＿＿＿＿＿＿ 있었다. 원숭이는 그것을 잡으려고 뛰어올랐다.
- The outdoor concert was **suspended** due to heavy rain.
  야외 콘서트는 폭우 때문에 ＿＿＿＿＿＿＿＿＿＿＿.

attribute
동 ～의 덕[탓]으로 보다
명 자질

- I **attribute** my good skin to drinking two liters of water a day. Give it a try! [기출 응용]
  나는 내 좋은 피부를 하루에 2리터씩 물을 마시는 것의 ＿＿＿＿＿＿＿＿＿. 한 번 시도해 봐!
- Hard work is an essential **attribute** for success.
  열심히 일하는 것은 성공을 위한 필수 ＿＿＿＿＿＿＿이다.

withdraw
동 ① 철회[취소]하다 ② (예금을) 인출하다

with(=back) + **draw**(당기다) → 당겨서 뒤로 오게 하다 → ┌ **철회[취소]하다**
└ **(예금을) 인출하다**

- Please **withdraw** your resignation. You're very capable and we want you to stay here. [기출 응용]
  사직서를 ＿＿＿＿＿＿＿ 주세요. 당신은 매우 유능해서 우리는 당신이 이곳에 남아주길 원합니다.
- I had no money, so I **withdrew** some money from the ATM.
  돈이 하나도 없어서, 현금인출기에서 약간의 돈을 ＿＿＿＿＿＿＿＿＿＿.

파생어 **withdrawal** 명 철회, 취소; 인출

odd
형 ① 이상한 ② 홀수의

- He has some **odd** habits.
  그는 몇몇 ＿＿＿＿＿＿＿ 습관을 가지고 있다.
- One, three, five, seven, and nine are **odd** numbers.
  1, 3, 5, 7, 9는 ＿＿＿＿＿＿＿이다.

offend
동 ① 불쾌하게 하다 ② 범죄를 저지르다

- I get **offended** when men I don't know stare at me. [기출 응용]
  모르는 사람들이 나를 빤히 쳐다보면 ＿＿＿＿＿＿＿＿＿.
- Many released criminals **offend** again within two years.
  석방된 많은 범죄자들이 2년 이내에 또 ＿＿＿＿＿＿＿＿＿＿＿.

파생어 **offense** 명 불쾌하게 하는 것; 범죄; 공격 **offensive** 형 불쾌한

yield

동 ① 생산하다 ② 항복[굴복]하다 **명** 생산량, 총수익

- I have apple trees that **yield** many boxes of fruit a year. [기출 응용]
  나는 한 해에 여러 상자의 열매를 _____ 사과나무들을 가지고 있다.

- We will not **yield** to the terrorists.
  우리는 테러리스트들에게 _____ 않을 것이다.

- Farmers are happy with increased crop **yields** this year. [기출 응용]
  농부들은 올해 늘어난 농작물 _____ 에 기뻐한다.

firm

명 회사 **형** 딱딱한; 확고한

- I worked at the law **firm** for five years. [기출 응용]
  나는 법률 _____ 에서 5년 동안 일했다.

- I prefer sleeping on a **firm** mattress to sleeping on a soft one.
  나는 푹신한 매트리스보다 _____ 매트리스에서 자는 것을 더 좋아한다.

- I have a **firm** belief in my friends. I totally trust them and can always rely on them. [기출 응용]
  나는 내 친구들에 대한 _____ 믿음을 가지고 있다. 나는 전적으로 그들을 신뢰하고 언제나 그들에게 의지할 수 있다.

  파생어 **firmly** **부** 단호히, 확고히

issue

명 주제, 쟁점
동 ① 발표[공표]하다
② 발급[발행]하다 ⋯ **명** (정기 간행물의) 호

- Relocating our company to China was a big **issue**. [기출 응용]
  우리 회사를 중국으로 이전하는 것은 큰 _____ 이었다.

- The National Weather Service **issued** a storm warning this weekend.
  기상청은 이번 주말에 폭풍이 있을 것이라는 경고를 _____.

- If you fill out this application form, we'll **issue** you a library card.
  이 신청 양식을 작성해 주시면, 도서관 카드를 _____ 드리겠습니다.

- Find the latest fashions in the September **issue** of our magazine. [기출 응용]
  저희 잡지의 9월 _____ 에서 최신 유행을 찾아보세요.

figure

명 ① 숫자, 수치 ② 인물 ③ 몸매

- The rising sales **figures** clearly show how successful our new business is. [기출 응용]
  상승하는 매출 _____ 는 우리의 신사업이 얼마나 성공적인지 분명히 보여 준다

- She's a key **figure** in the organization.
  그녀는 조직에서 핵심 _____ 이다.

- Hula hooping helps you to get a great **figure**.
  훌라후프는 훌륭한 _____ 를 유지하는 데 도움을 준다.

exercise

명 ① 운동 ② 연습 ③ (권력, 권리 등의) 행사
동 ① 운동하다 ② (권력, 권리 등을) 행사하다

- I think you need some **exercise**. How about playing soccer on Saturday afternoon?
  [기출 응용]
  내 생각에 너는 _____이 좀 필요한 것 같아. 토요일 오후에 축구하는 거 어때?
- Do the reading **exercise** at the end of each chapter.
  각 챕터의 마지막에서 독해 _____을 하시오.
- Do you still **exercise** at the gym before you come to work? [기출 응용]
  너 아직도 출근하기 전에 체육관에서 _____?
- The leader **exercised** considerable influence over people.
  그 지도자는 사람들에게 상당한 영향력을 _____.

measure

동 측정하다
명 ① 조치 ② 양, 정도 ③ 척도

- Education shouldn't be **measured** simply by examination results.
  교육은 단순히 시험 결과로만 _____ 안 된다.
- We should take **measures** to reduce traffic problems.
  우리는 교통문제를 줄이기 위해 _____를 취해야 한다.
- The writer achieved some **measure** of success with his first book.
  그 작가는 처음 쓴 책에서 어느 _____ 성공을 거두었다.
- The meter is a **measure** of length. 미터는 길이의 _____이다.

파생어 **measurement** 명 측정; 치수

race

명 ① 경주, 경쟁 ② 인종
동 경주하다; 질주하다

- Do you know who won the **race**?
  누가 _____에서 이겼는지 아니?
- I traveled abroad for many years and have met many people from different **races**.
  [기출 응용]
  나는 수년간 외국을 여행했고 다른 _____의 사람들을 많이 만나 왔다.
- The police tried to stop motorcycles **racing** through the street. [기출 응용]
  경찰은 거리를 _____ 오토바이들을 저지하려 했다.

present

형 ① 출석한 ② 현재의
동 ① 주다 ② 보여주다 명 현재; 선물

- More than 200 people were **present** at the movie festival.
  200명 이상의 사람들이 영화축제에 _____.

- I couldn't maintain my **present** lifestyle if I earned less than I earn now. [기출 응용]
  내가 지금 버는 것보다 더 적게 번다면 _____ 생활 방식을 유지할 수 없을 것이다.

- A trophy and a medal will be **presented** to the winner of the challenge. [기출 응용]
  이 도전의 우승자에게는 트로피와 메달이 _____ 것입니다.

- I'm glad to have a chance to **present** my photographs in Paris. [기출 응용]
  나는 내 사진 작품들을 파리에서 _____ 기회를 얻어서 기뻐.

- past, **present**, and future [기출 응용]
  과거, _____ 그리고 미래

파생어 **presentation** 명 제시; 발표 **presence** 명 있음, 존재(함)

conduct

동 ① (특정한 활동을) 하다 ② 지휘하다
명 (특정한 장소, 상황에서의) 행동

- The TV network **conducted** a survey to discover female viewers' favorite programs.
  [기출 응용]
  그 TV 방송국은 여성 시청자들이 가장 좋아하는 프로그램을 알아내려고 조사 _____.

- The conductor **conducted** an orchestra with great skill and emotion.
  그 지휘자는 훌륭한 기술과 감정을 가지고 오케스트라를 _____.

- Three firefighters were awarded medals of honor for their brave **conduct**.
  세 명의 소방관들은 그들의 용감한 _____ 을 치하하는 훈장을 받았다.

파생어 **conductor** 명 지휘자

cast

동 던지다 명 ① 출연진 ② 깁스

- My father **cast** a line into the sea to catch a fish.
  아버지는 물고기를 잡기 위해 바다에 낚싯줄을 _____.

- The movie's great success lies in its all-star **cast**.
  그 영화의 큰 성공은 화려한 _____ 에 있다.

- I fell off my bike and broke my leg. So I had to wear a **cast** for two weeks. [기출 응용]
  나는 자전거에서 넘어져서 다리가 부러졌다. 그래서 2주 동안 _____ 를 해야 했다.

row

명 줄, 열 동 노[배]를 젓다

- Our seats are **row** 20, seat numbers 13 and 14. [기출 응용]
  우리 자리는 20번째 _____ 13번과 14번 좌석이야.

- We **rowed** out to sea, but the waves grew very high and we had to come back. [기출 응용]
  우리는 _____ 바다로 나갔지만, 파도가 매우 거세져서 돌아와야만 했다.

bear

동 ① 참다, 견디다 ② (눈에 보이게) 있다, 지니다
③ (아이를) 낳다, (열매를) 맺다

- The pain is too much to **bear**. I need painkillers right away. [기출 응용]
  고통이 너무 심해서 _____ 수 없다. 나는 당장 진통제가 필요하다.
- He **bears** a scar on his face.
  그는 얼굴에 흉터가 _____.
- Despite his efforts, his dream didn't **bear** fruit.
  그의 노력에도 그의 꿈은 _____ 못했다.

bill

명 ① 청구서, 계산서 ② 지폐 ③ 법안

- I always pay my **bills** on time.
  나는 항상 _____ 요금을 제때 낸다.
- a hundred-dollar **bill** 100달러 _____
- The city council passes a **bill** by voting. [기출 응용]
  시 의회는 투표로 _____을 통과시킨다.

direct

동 ① (~으로) 향하게 하다 ② 지휘하다, 관리하다
형 직접적인

- Lights were **directed** toward the paintings on the wall.
  빛은 벽에 걸린 그림을 _____ 있었다.
- The manager's job is mainly to **direct** the activities of others. [기출 응용]
  관리자의 직업은 주로 다른 사람들의 행동을 _____ 것이다.
- The weather had a **direct** effect on our plans.
  날씨는 우리 계획에 _____ 영향을 미쳤다.

  파생어 **directly** 븐 곧장, 똑바로 **direction** 명 방향; 지시

locate

동 ① (~의 위치를) 찾아내다 ② (특정 위치에) 두다

- Many animals use their sense of smell to **locate** the animals they hunt. [기출 응용]
  다수의 동물이 사냥하려는 동물들을 _____ 위해 후각을 이용한다.
- My school is **located** within walking distance of my house. [기출 응용]
  우리 학교는 우리 집에서 걸어갈 수 있는 거리에 _____.

  파생어 **location** 명 위치

grave   명 무덤 형 심각한

- I placed a white rose on my uncle's **grave**.
  나는 하얀 장미를 삼촌의 _____ 에 놓았다.
- We were in **grave** danger.
  우리는 _____ 위험에 처해 있었다.

spot   명 ① (특정한) 곳, 장소 ② 점, 얼룩
명 발견하다, 찾아내다

- I spent a lot of time looking for a good **spot** to take a nice picture. [기출 응용]
  나는 좋은 사진을 찍기 위해 괜찮은 _____ 을[를] 찾아다니는 데 많은 시간을 보냈다.
- The tablecloth had a couple of **spots**.
  식탁보에 몇몇 _____ 이 있었다.
- If the sky is clear, you might be able to **spot** many stars. [기출응용]
  하늘이 맑다면 아마도 많은 별을 _____ 수 있을 것이다.

note   명 ① 메모 ② 지폐
통 ① 주목하다 ② 언급하다

- Please make a **note** of the upcoming event in your calendar. [기출 응용]
  곧 있을 그 행사를 달력에 _____ 해 두십시오.
- a five-pound **note** 5파운드 _____
- Please **note** that our store will close tomorrow.
  저희 가게가 내일은 문을 닫는 것을 _____ 주세요.
- Oscar Wilde **noted**, "Experience is the name everyone gives to their mistakes." [기출 응용]
  오스카 와일드는 "경험은 모든 사람들이 그들의 실수에 붙이는 이름이다."라고 _____ .

파생어 **notable** 형 주목할 만한 **noted** 형 유명한

Review Test

001 notice	019 figure
002 reason	020 yield
003 promote	021 feature
004 current	022 apply
005 means	023 decline
006 operate	024 commit
007 charge	025 capital
008 address	026 article
009 reference	027 regard
010 fancy	028 subject
011 interest	029 board
012 plain	030 fine
013 view	031 attribute
014 withdraw	032 term
015 account	033 object
016 rate	034 suspend
017 offend	035 reflect
018 sentence	036 mean

037	observe		057	spot
038	firm
039	odd
040	issue
041	bill
042	cast
043	bear
044	conduct
045	race
046	exercise
047	suit
048	measure
049	present
050	row
051	locate
052	direct
053	fix
054	grave
055	note
056	fit

효과적인 어휘 공부법 4

빈출순 최중요 단어 익히기 I

영어 시험에 나오는 듣기 스크립트나 읽기 지문이 매번 '다른' 어휘로 구성되지 않는다. '자주 등장하는 어휘들'이 반드시 있다. 빈출 순대로 정리된 이 어휘들만 제대로 학습해도 내용의 핵심을 바르게 이해할 수 있다.

likely 형 ~할 것 같은 (↔ unlikely)

- It's **likely** to rain. 비가 올 것 같다.

파생어 **likelihood** 명 가능성

require 동 필요로 하다

- **require** assistance 도움을 필요로 하다

파생어 **requirement** 명 필요 (조건)

improve 동 향상시키다

- **improve** health 건강을 향상시키다

파생어 **improvement** 명 향상

individual 형 각각[개개]의, 개성 있는

- **individual** differences 개인 차이

파생어 **individuality** 명 개성 **individually** 부 개별적으로

suggest 동 제안하다; 시사[암시]하다

- **suggest** an idea 의견을 제안하다

파생어 **suggestion** 명 제안; 시사, 암시

encourage 동 격려하다

- **encourage** people to recycle
  사람들에게 재활용하도록 격려하다

파생어 **encouragement** 명 격려

opportunity 명 기회

- find[make, have, get] an **opportunity**
  기회를 찾아내다[만들다, 가지다, 얻다]

concern 동 걱정하게 하다; ~와 관련되다
명 걱정; 관심사

- It's nothing to be **concerned** about. 걱정할 것 없어.
- **concern** for the environment 환경에 대한 우려

involve 동 포함하다; 관련시키다

- **involve** risks 위험을 수반(포함)하다

파생어 **involvement** 명 관련

suppose 동 (~이라고) 가정하다

- I **suppose** she's lying.
  나는 그녀가 거짓말을 하고 있다고 가정한다.

process 명 (일련의) 과정 동 처리하다

- the learning **process** 학습 과정
- The request cannot be **processed**.
  그 요청은 처리될 수 없습니다.

immediate 형 즉각적인

- an **immediate** effect 즉각적인 효과

파생어 **immediately** 부 즉시, 당장

reduce
동 줄이다

- **reduce** costs 비용을 줄이다
- 파생어 **reduction** 명 축소

available
형 이용할 수 있는; 시간이 있는

- freely **available** 자유롭게 이용할 수 있는
- Mr. King is not **available** right now. May I take a message?
  킹 씨는 지금 시간이 안 되는데요, 메시지 남겨드릴까요?
- 파생어 **availability** 명 이용 가능성

period
명 기간, 시기

- a short **period** of time 단기간에
- 파생어 **periodic** 형 주기적인
- 파생어 **periodically** 부 주기적으로

relieve
동 완화시키다

- **relieve** stress 스트레스를 덜다
- 파생어 **relieved** 형 안도하는
- 파생어 **relief** 명 완화; 안도; 구호

loss
명 상실, 손실

- weight **loss** 체중 감량

recognize
동 알아보다; 인정하다

- I couldn't **recognize** my old friend at first.
  처음엔 옛 친구를 알아보지 못했다.
- 파생어 **recognition** 명 알아봄, 인식; 인정

detail
명 세부 사항
동 상세히 알리다

- She told me every **detail** of the case.
  그녀는 나에게 그 사건에 대한 세부사항을 알려주었다.
- The brochure **details** all the hotels in the area.
  그 책자는 그 지역에 있는 모든 호텔에 대해 상세히 알려준다.

attitude
명 태도

- a positive **attitude** 긍정적인 태도

contact
명 접촉, 연락 동 연락하다

- eye **contact** 시선 접촉
- You can **contact** me at this number.
  이 번호로 저에게 연락 주세요.

affect
동 영향을 미치다

- Your choices **affect** the outcome of your life.
  당신의 선택이 인생의 결과에 영향을 미친다.

effective
형 효과적인 (↔ ineffective)

- **effective** treatment 효과적인 치료
- 파생어 **effectiveness** 명 효과적임, 유효성

lack
명 부족 동 부족하다, ~이 없다

- **lack** of money 자금 부족
- She seems to **lack** confidence.
  그녀는 자신감이 부족해 보인다.

react · 동 반응하다

- The firemen **reacted** quickly to the fire alarm.
  소방관들은 소방경보음에 빠르게 반응했다.
- 파생어 **reaction** 명 반응 **reactive** 형 반응을 보이는
- 파생어 **overreact** 동 과잉 반응을 보이다

reserve · 동 예약하다; 비축하다

- I'd like to **reserve** a table for three.
  세 사람이 식사할 자리를 예약하고 싶어요.
- **reserve** money for a rainy day
  만약의 경우에 대비하여 돈을 비축해 두다
- 파생어 **reservation** 명 예약

determine · 동 결정하다; 결심하다

- **determine** a date for a meeting
  회의 날짜를 결정하다
- I **determined** to ignore his faults.
  나는 그의 잘못을 모르는 체하기로 결심했다.
- 파생어 **determined** 형 단단히 결심한
- 파생어 **determination** 명 결심, 결의

state · 명 상태 동 진술하다

- She was in a **state** of shock. 그녀는 쇼크 상태였다.
- Please **state** your name and address.
  당신의 성함과 주소를 말씀해 주세요.
- 파생어 **statement** 명 진술(서)

local · 형 지역의, 현지의

- a **local** accent 지역 말투
- 파생어 **locally** 부 지역에서, 가까이에서

contrast · 명 대조 동 대조를 보이다

- a sharp **contrast** 뚜렷한 대조
- His actions **contrast** with his words.
  그의 행동은 그가 한 말과는 대조적이다.
- 파생어 **contrary** 형 ~와는 반대되는 명 반대

contain · 동 포함하다

- Some files can **contain** viruses.
  몇몇 파일은 바이러스를 포함할 수도 있다.
- 파생어 **container** 명 그릇; 컨테이너

generate · 동 발생시키다

- **generate** electricity 전기를 발생시키다
- 파생어 **generation** 명 발생; 세대

influence · 동 영향을 주다 명 영향

- **influence** a decision 결과에 영향을 끼치다
- the **influence** of smartphones on eyesight
  스마트폰이 시력에 미치는 영향
- 파생어 **influential** 형 영향력 있는

manage · 동 (간신히) 해내다; 경영[관리]하다

- I **managed** to get to the airport in time.
  나는 간신히 제시간에 공항에 도착했다.
- **manage** time efficiently 시간을 효율적으로 관리하다
- 파생어 **management** 명 경영, 관리

due · 형 ~하기로 되어 있는; 지불해야 할

- The assignment is **due** tomorrow. 과제는 내일까지이다.
- Payment is **due** on 1 May. 금액 지불은 5월 1일에 해야 한다.
- 파생어 **overdue** 형 기한이 지난

essential · 형 필수적인

- A diet is **essential** for a healthy life.
  식이요법은 건강한 삶을 위해 필수적이다.

extreme 〔형〕 극도의

- **extreme** pain 극도의(극심한) 고통
- **extreme** sports 극한의 스포츠
- 파생어 **extremely** 〔부〕 극도로

occur 〔동〕 발생하다; 머리에 떠오르다

- A traffic accident **occurred**. 교통사고가 발생했다.
- It didn't **occur** to me. 생각이 나지 않았어.
- 파생어 **occurrence** 〔명〕 발생(하는 일)

profession 〔명〕 (전문적인) 직업

- the medical **profession** 의료직
- 파생어 **professional** 〔형〕 전문적인. 직업의 〔명〕 전문직 종사자

entire 〔형〕 전체의

- the **entire** population 전체 인구
- 파생어 **entirely** 〔부〕 전적으로, 완전히

instruct 〔동〕 지시하다

- The pilot **instructed** us to remain in our seats.
  조종사는 우리에게 자리에 앉아 있으라고 지시했다.
- 파생어 **instruction** 〔명〕 지시, 설명(서)

pressure 〔명〕 압력, 압박 〔동〕 압박감을 주다

- blood **pressure** 혈압
- I felt **pressured** to make a decision.
  나는 결정을 내려야 한다는 압박감을 느꼈다.

significant 〔형〕 중요한; 상당한

- **significant** for the future. 미래를 위해 중요한
- a **significant** amount of money 상당한 양의 돈
- 파생어 **significance** 〔명〕 중요성
- 파생어 **significantly** 〔부〕 상당히

define 〔동〕 정의하다

- The concept of "beauty" is difficult to **define**.
  '미(美)'의 개념은 정의하기 어렵다.
- 파생어 **definition** 〔명〕 정의 **definite** 〔형〕 확실한 (↔ indefinite)
- 파생어 **definitely** 〔부〕 확실히

delight 〔명〕 기쁨 〔동〕 기쁘게 하다

- We watched the circus with **delight**.
  우리는 서커스를 즐겁게 보았다.
- The singer's new album will **delight** his fans.
  그 가수의 새 앨범은 팬들을 대단히 기쁘게 할 것이다.

frequent 〔형〕 잦은

- a **frequent** customer 단골손님
- 파생어 **frequently** 〔부〕 자주
- 파생어 **frequency** 〔명〕 빈도

constant 〔형〕 끊임없는, 거듭되는

- a **constant** headache 끊임없는 두통
- 파생어 **constantly** 〔부〕 끊임없이, 거듭

seek 〔동〕 구하다, 찾다

- **seek** advice 조언을 구하다

audience　　명 관객

- The **audience** clapped loudly.
  관객들은 크게 박수를 쳤다.
  파생어 **auditorium** 명 강당

aware　　형 알고[의식하고] 있는

- He was not even **aware** that you are upset.
  그는 심지어 네가 화가 났다는 사실을 눈치채지 못했다.
  파생어 **awareness** 명 (무엇의 중요성에 대한) 의식

confuse　　동 혼란스럽게 하다

- You're **confusing** me! Tell me slowly and clearly.
  당신은 나를 혼란스럽게 하고 있어요! 천천히 그리고 정확하게
  말하세요.
  파생어 **confusion** 명 혼란

criticize　　동 비판하다

- **criticize** others behind their back
  남이 없는 곳에서 비판하다

oppose　　동 반대하다

- **oppose** the plan 계획에 반대하다
  파생어 **opposite** 형 반대(편)의 명 반대(되는 것, 사람)
  파생어 **opposition** 명 반대

relate　　동 관련시키다

- **relate** cause and effect 원인과 결과를 관련시키다
  파생어 **relative** 형 상대적인 명 친척
  파생어 **relation** 명 관계

approach　　동 다가가다 명 접근법

- Spring is **approaching**. 봄이 다가오고 있다.
- a traditional **approach** 전통적인 접근법

construct　　동 건설하다

- **construct** a new building 새 빌딩을 건설하다
  파생어 **constructive** 형 건설적인 **construction** 명 건설

publish　　동 출판하다

- Most newspapers are **published** online.
  대부분의 신문은 온라인으로 출판된다.
  파생어 **publication** 명 출판(물) **publisher** 명 출판인, 출판사

purchase　　동 구매하다 명 구매

- Tickets must be **purchased** in advance.
  입장권은 미리 구매되어야 한다.
- make a **purchase** 구매하다

rare　　형 드문

- a **rare** disease 희귀 질환
  파생어 **rarely** 부 드물게, 좀처럼 ~하지 않는

career　　명 직업, 경력

- a change of **career** 직업 변경
- He has built up a successful **career** as an actor.
  그는 배우로서 성공적인 경력을 쌓아 왔다.

remind　　동 상기시키다, 생각나게 하다

- Please **remind** me to bring my homework
  tomorrow.
  내일 나에게 숙제를 가져오라고 상기시켜 줘.
  파생어 **reminder** 명 상기시키는 것

factor　　명 요인

- an important **factor** 중요한 요소

attempt   图 시도하다 图 시도

- **attempt** to solve a problem 문제를 해결하려고 시도하다
- an honest **attempt** 성의 있는 시도

specific   图 특정한; 구체적인

- a **specific** age group 특정 연령 집단
- a **specific** example 구체적인 사례
- 파생어 **specifically** 图 특별히; 분명히

poem   图 (한 편의) 시

- a book of **poems** 시집

proper   图 적절한 (↔ improper)

- the **proper** etiquette 적절한 예절
- 파생어 **properly** 图 적절하게

psychology   图 심리(학)

- the **psychology** of crowd behavior 군중심리
- 파생어 **psychological** 图 정신[심리]적인
- 파생어 **psychologist** 图 심리학자

tense   图 긴장한

- She seemed **tense**. 그녀는 긴장한 것처럼 보였다.
- 파생어 **tension** 图 긴장 (상태)

employ   图 고용하다; 쓰다, 사용하다

- The company **employs** over 200 people.
  그 회사는 200명이 넘는 사람을 고용한다.
- You should find better ways to **employ** your
  time. 너는 시간을 사용할 더 나은 방법을 찾아야 해.
- 파생어 **employment** 图 고용
- 파생어 **employer** 图 고용주 (↔ employee 종업원)

identify   图 확인하다

- **identify** the problem 문제를 확인하다
- 파생어 **identification** 图 신원 확인; 신분증; 동일시

religion   图 종교

- Christianity, Islam, Buddhism, and other world
  religions 기독교, 이슬람교, 불교 그 외 다른 세계적인 종교들
- 파생어 **religious** 图 종교의; 신앙심이 깊은

slight   图 약간의

- a **slight** change 약간의 변화
- 파생어 **slightly** 图 약간

species   图 종(생물의 분류 단위)

- endangered **species** 멸종 위기에 놓인 종(種)

annoy   图 짜증나게 하다

- Janet **annoyed** him with her stupid questions.
  재닛은 어리석은 질문으로 그를 짜증나게 하였다.
- 파생어 **annoyance** 图 짜증

grateful   图 고마워하는

- I'm really **grateful** for your help.
  저를 도와주신 데 대해 진심으로 감사드립니다.
- 파생어 **gratitude** 图 감사

anxious   图 불안해하는; 열망하는

- He seemed **anxious** about the speech.
  그는 발표 때문에 불안해하는 것 같았다.
- She is **anxious** to get a job. 그녀는 취직하기를 열망한다.
- 파생어 **anxiety** 图 불안; 열망

conclude
图 결론을 내리다

- After a long discussion, we **concluded** that changes are necessary.
  오랜 논의 끝에 우리는 변화가 불가피하다는 결론을 내렸다.

파생어 **conclusion** 명 결론, 결말 **conclusive** 형 결정적인

credit
명 신용 (거래); 칭찬, 공로

- buy things on **credit** 신용 거래로 물건을 사다
- You deserve **credit** for trying.
  네가 노력한 것에 대해서는 칭찬받을 만해.

파생어 **credible** 형 믿을 수 있는 (↔ incredible)

파생어 **credibility** 명 신뢰성

previous
형 이전의

- **previous** experiences 이전의 경험

파생어 **previously** 부 이전에, 미리

reveal
图 드러내다

- **reveal** a secret 비밀을 드러내다

파생어 **revelation** 명 드러냄, 폭로

willing
형 기꺼이 하는 (↔ unwilling)

- be **willing** to take risks 기꺼이 위험을 감수하다

파생어 **willingly** 부 기꺼이

파생어 **willingness** 명 기꺼이 하는 마음

access
명 접근(권) 图 접근하다

- gain **access** to the information 정보에 접근권을 얻다
- **access** the Web site 웹사이트에 접속하다

파생어 **accessible** 형 접근 가능한 (↔ inaccessible)

파생어 **accessibility** 명 접근 가능성

assume
图 (사실로) 추정하다

- I **assumed** he was coming, so I was surprised when he didn't show up.
  나는 그가 올 것으로 추정했는데, 오지 않아서 놀랐다.

파생어 **assumption** 명 추정

combine
图 결합하다

- Red and green **combine** to form the color yellow.
  빨간색과 녹색이 합쳐지면 노란색이 된다.

파생어 **combination** 명 결합

detect
图 발견하다, 감지하다

- **detect** errors 문제를 발견하다

파생어 **detection** 명 발견, 탐지

파생어 **detector** 명 탐지기 **detective** 명 형사; 탐정

device
명 장치

- a safety **device** 안전장치

파생어 **devise** 图 고안하다

disturb
图 방해하다; 불안하게 하다

- Don't **disturb** your sister when she's studying.
  언니가 공부할 때는 방해하지 마.
- The news shocked and **disturbed** me.
  그 뉴스는 내게 충격과 불안감을 주었다.

파생어 **disturbance** 명 방해; 소란

accurate
형 정확한

- an **accurate** description 정확한 묘사

파생어 **accurately** 형 정확히

파생어 **accuracy** 명 정확성 (↔ inaccuracy)

display
명 전시 통 전시하다; (감정 등을) 표현하다, 드러내다

- a **display** window 진열창
- Best-selling books are **displayed** on the shelf.
  인기도서가 선반 위에 전시되어 있다.
- **display** various emotions 다양한 감정을 드러내다

extend
통 늘리다; ~까지 포괄[포함]하다

- **extend** the deadline 마감일을 연장하다
- The benefits will **extend** to your children.
  혜택은 여러분의 자녀까지 포함할 것입니다.

파생어 **extension** 명 연장 **extensive** 형 폭넓은

indicate
통 나타내다

- A fever **indicates** flu. 열은 감기 조짐을 나타낸다.

파생어 **indication** 명 암시, 조짐

profit
명 이익 (↔ loss)

- maximize **profit** 이익을 극대화하다

파생어 **profitable** 형 이득이 되는, 유익한

admit
통 받아들이다, 인정하다

- **admit** a fault 잘못을 인정하다

파생어 **admission** 명 인정, 시인; 입학, 입장(료)

analyze
통 분석하다

- **analyze** the data 데이터를 분석하다

파생어 **analysis** 명 분석 **analyst** 명 분석가

announce
통 알리다, 발표하다

- **announce** the results 결과를 발표하다

파생어 **announcement** 명 발표

chemical
명 화학 물질
형 화학의, 화학적인

- a dangerous **chemical** 위험한 화학 물질
- a **chemical** reaction 화학 반응

파생어 **chemistry** 명 화학 **chemist** 명 화학자

electronic
형 전자의

- turn off **electronic** devices 전자 기기를 끄다

element
명 요소

- a necessary **element** 필수적인 요소

fee
명 요금

- a delivery **fee** 배송비

finance
명 재정, 재무 통 자금을 대다

- a lack of **finances** 재정 부족

파생어 **financial** 형 재정의 **financially** 부 재정적으로

fuel
명 연료 통 연료를 공급하다

- fossil **fuels** 화석 연료
- **fuel** an airplane 비행기에 연료를 공급하다

necessity
명 필요(성); 필수품

- the **necessity** of education reform 교육개혁의 필요성
- Food is a basic **necessity** of life.
  음식은 삶의 기본적인 필수품이다.

파생어 **necessitate** 통 필요하게 만들다

potential
형 잠재적인, 가능성 있는
명 잠재력, 가능성

- a **potential** problem 잠재적인 문제
- the **potential** for growth 성장 가능성

파생어 **potentially** 부 잠재적으로, 어쩌면

preserve
동 보존하다

- **preserve** the environment 환경을 보존하다

파생어 **preservation** 명 보존

파생어 **preservative** 명 방부제

violent
형 폭력적인; (정도가) 격렬한

- **violent** crime 폭력적인 범죄
- a **violent** reaction 격렬한 반응

파생어 **violently** 부 격렬하게

파생어 **violence** 명 폭력

aspect
명 (측)면

- focus on one **aspect**
  하나의 측면에 초점을 맞추다

complex
형 복잡한 명 복합 단지

- a **complex** situation 복잡한 상황

파생어 **complexity** 명 복잡성

decade
명 십 년

- over the next **decade** 향후 십 년간

efficient
형 효율적인 (↔ inefficient)

- an **efficient** method 효율적인 방법

파생어 **efficiency** 명 효율성

embarrass
동 당황스럽게 하다

- His questions about my weight **embarrassed** me. 내 몸무게 관한 그의 질문이 나를 당황스럽게 했다.

파생어 **embarrassment** 명 당황함

invest
동 투자하다

- **invest** in a business 사업에 투자하다

파생어 **investment** 명 투자

official
형 공식적인 명 공무원

- an **official** statement 공식적인 성명
- government **officials** 정부 공무원

파생어 **officially** 부 공식적으로

stock
명 재고; 주식

- out of **stock** 재고 품절
- purchase **stocks** 주식을 매입하다

파생어 **stockpile** 명 비축량

acquire
동 습득하다, 얻다

- **acquire** new skills 새로운 기술을 습득하다

파생어 **acquisition** 명 습득

arrange
동 마련하다, 계획하다; 정리하다

- The meeting has been **arranged** for Wednesday.
  회의는 수요일로 계획되었다.
- The books are **arranged** by subject.
  그 책들은 주제별로 정리되어 있다.

파생어 **arrangement** 명 마련; 정리

cancer   명 암

- **cancer** treatments 암 치료

claim   동 주장하다; (손해 배상 등을) 요구하다 명 주장; (손해 배상 등의) 요구, 청구

- The researchers **claim** that the shampoo prevents hair loss.
  연구원들은 이 샴푸가 탈모를 방지한다고 주장한다.
- **claim** a refund 환불을 요구하다
- make a **claim** 주장을 하다
- a **claim** for damages 손해배상 청구

exchange   동 교환하다 명 교환

- **exchange** gifts 선물을 교환하다
- an **exchange** of ideas 생각의 교환

insist   동 (~해야 한다고) 주장하다

- The doctor **insists** that we (should) avoid late-night snacks.
  의사는 우리가 야식을 피해야 한다고 주장했다.
- 파생어 **insistence** 명 주장, 고집

intend   동 ~할 작정이다

- I didn't **intend** to hurt her feelings.
  그녀에게 상처를 주려는 의도는 아니었다.
- 파생어 **intention** 명 의도
- 파생어 **intentional** 형 의도적인

mass   형 대량의

- **mass** production 대량 생산
- 파생어 **massive** 형 거대한

perceive   동 인지하다

- I **perceived** a change in his behavior.
  나는 그의 행동에 변화가 있음을 감지 했다.
- 파생어 **perception** 명 지각, 인식

plenty   대 풍부한 양 부 많이

- Don't hurry. There's **plenty** of time.
  서두르지 마, 시간은 충분해.
- I will have **plenty** more chances.
  나는 기회를 더 많이 얻게 될 것이다.
- 파생어 **plentiful** 형 풍부한

region   명 지역

- tropical **regions** 열대 지방
- 파생어 **regional** 형 지역의

release   동 풀어주다; (화학 물질 등을) 방출하다; (음반, 영화 등을) 발매[개봉]하다

- **release** a prisoner 죄수를 풀어주다
- **release** a movie 영화를 개봉하다

sharp   형 날카로운, 뾰족한; 급격한; 뚜렷한

- **sharp** teeth 날카로운 이빨
- a **sharp** rise 급격한 증가
- 파생어 **sharply** 부 날카롭게; 급격히

absorb   동 흡수하다; 열중하게 하다

- Cotton T-shirts **absorb** sweat rapidly.
  면 티셔츠는 빠르게 땀을 흡수한다.
- 파생어 **absorption** 명 흡수; 몰두

apologize 동 사과하다

- **apologize** for a mistake 실수에 대해 사과하다
- 파생어 **apology** 명 사과
- 파생어 **apologetic** 형 미안해하는

client 명 의뢰인, 고객

- a lawyer with many **clients** 의뢰인이 많은 변호사
- meet with **clients** 고객을 만나다

emphasize 동 강조하다

- **emphasize** a main point 주요 부분을 강조하다
- 파생어 **emphasis** 명 강조

evident 형 분명한

- It was **evident** that he was not telling the truth.
  그가 진실을 얘기하고 있지 않다는 것이 분명했다.
- 파생어 **evidence** 명 증거

expense 명 비용

- spare no **expense** 비용을 아끼지 않다
- living **expenses** 생활비
- 파생어 **expenditure** 명 (공공기관의) 비용, 지출

inform 동 알리다

- **inform** the police 경찰에게 알리다
- 파생어 **informed** 형 (~에 대해) 잘 아는

resist 동 저항하다; 견디다

- They **resisted** pressure to change the law.
  그들은 그 법률을 개정하라는 압력에 저항했다.
- **resist** temptation 유혹을 견디다
- 파생어 **resistance** 명 저항(력) **resistant** 형 저항력 있는

reward 명 보상; 보상금 동 보상하다

- offer a **reward** 보상금을 주다
- The player was **rewarded** for his efforts with a cash bonus.
  그 선수는 자신의 노력을 현금보너스로 보상받았다.
- 파생어 **rewarding** 형 보람 있는

agency 명 대리점, 대행사

- a travel **agency** 여행 대행사
- 파생어 **agent** 명 대리인, 중개상

characteristic 명 특징 형 특유한, 고유한

- the most obvious **characteristic**
  가장 분명한 특징
- She spoke with **characteristic** enthusiasm.
  그녀는 특유의 열정을 보이며 말했다.
- 파생어 **characterize** 동 특징짓다

content 형 만족하는

- feel **content** with a result
  시험결과에 만족하다

defend 동 방어하다

- **defend** against cyber attacks
  사이버 공격에 맞서 방어하다
- 파생어 **defense** 명 방어
- 파생어 **defensive** 형 방어의; 방어적인

edge
명 끝, 가장자리

- sit on the **edge** of the bed
  침대 가장자리에 앉다

establish
동 설립하다

- **establish** clear guidelines
  명확한 지침을 설립하다
- 파생어 **establishment** 명 설립; (설립된) 시설

facility
명 (편의) 시설

- a public **facility** 공공시설

infect
동 감염시키다

- My computer was **infected** with a virus.
  내 컴퓨터가 바이러스에 감염되었다.
- 파생어 **infection** 명 감염; 전염병
- 파생어 **infectious** 형 전염되는

instant
형 즉각적인 **명** 순간

- an **instant** messaging service 즉각적인 메시지 서비스
- in an **instant** 순식간에, 곧
- 파생어 **instantly** 부 즉시

institute
명 기관

- a non-profit **institute** 비영리 기관
- 파생어 **institution** 명 기관, 시설; (사회) 제도

permit
동 허락하다 **명** 허가증

- **permit** access to files 파일에 접근하는 것을 허락하다
- apply for a **permit** 허가증을 신청하다
- 파생어 **permission** 명 허락, 허가

political
형 정치적인

- a **political** debate 정치적인 토론
- 파생어 **politics** 명 정치(학)

sort
명 종류 **동** 분류하다

- I like all **sorts** of food. 나는 모든 종류의 음식을 좋아해.
- **sort** by price 가격에 따라 분류하다

surround
동 둘러싸다

- Police **surrounded** the building.
  경찰이 그 빌딩을 에워쌌다.
- 파생어 **surrounding** 형 주위의
- 파생어 **surroundings** 명 (주변) 환경

Review Test SET 04에서 배운 모든 단어들의 의미를 복습해 봅시다.

001	occur		019	facility
002	approach		020	proper
003	poem		021	frequent
004	contact		022	employ
005	intend		023	require
006	react		024	preserve
007	aware		025	available
008	willing		026	profit
009	concern		027	significant
010	identify		028	content
011	exchange		029	institute
012	sharp		030	extreme
013	due		031	fee
014	pressure		032	reveal
015	chemical		033	region
016	relate		034	publish
017	attitude		035	display
018	element		036	generate

037	fuel		057	announce
038	suggest		058	reserve
039	permit		059	recognize
040	local		060	admit
041	resist		061	improve
042	likely		062	combine
043	invest		063	career
044	aspect		064	contrast
045	expense		065	anxious
046	contain		066	constant
047	grateful		067	audience
048	factor		068	slight
049	electronic		069	relieve
050	decade		070	complex
051	define		071	entire
052	stock		072	seek
053	instruct		073	perceive
054	religion		074	edge
055	characteristic		075	process
056	oppose		076	infect

077	conclude		097	client
078	instant		098	influence
079	opportunity		099	necessity
080	tense		100	insist
081	establish		101	loss
082	manage		102	criticize
083	purchase		103	finance
084	surround		104	potential
085	annoy		105	medical
086	affect		106	involve
087	state		107	species
088	rare		108	claim
089	attempt		109	reduce
090	arrange		110	efficient
091	previous		111	specific
092	access		112	confuse
093	release		113	agency
094	immediate		114	effective
095	embarrass		115	psychology
096	violent		116	mass

117	detect	137	credit
118	reward	138	official
119	determine	139	individual
120	inform	140	assume
121	device	141	evident
122	political	142	delight
123	encourage	143	extend
124	plenty	144	cancer
125	sort	145	accurate
126	essential	146	defend
127	apologize	147	period
128	disturb	148	emphasize
129	suppose	149	analyze
130	remind		
131	detail		
132	construct		
133	indicate		
134	absorb		
135	lack		
136	acquire		

urgent
형 긴급한

- an **urgent** matter 긴급한 문제
- 파생어 **urgency** 명 긴급

associate
동 연관 짓다

- In China, the color red is **associated** with happiness. [기출 응용]
  중국에서 빨간색은 행복과 연관된다.
- 파생어 **association** 명 연관(성); 협회

attach
동 붙이다, 첨부하다

- **attach** a photo to an application form
  지원서에 사진을 붙이다
- **attach** a file to an email 이메일에 파일을 첨부하다
- 파생어 **attached** 형 부착된; 애착을 가진
- 파생어 **attachment** 명 부착(물); 첨부 파일; 애착

correct
형 정확한 동 바로잡다, 고치다

- choose the **correct** answer 정확한 정답을 고르다
- **correct** errors 실수를 바로잡다

demonstrate
동 (실례를 통해) 보여주다; 시위하다

- **demonstrate** a new concept 새로운 개념을 보여주다
- **demonstrate** against the war 전쟁 반대 시위를 하다
- 파생어 **demonstration** 명 설명; 시위

isolate
동 고립시키다

- **isolate** a patient with a disease
  병에 걸린 환자를 격리하다
- 파생어 **isolation** 명 고립(감)

manufacture
동 제조하다

- **manufacture** furniture 가구를 제조하다
- 파생어 **manufacturer** 명 제조자, 생산 회사

reasonable
형 합리적인 (↔ unreasonable)

- a **reasonable** explanation 합리적인 설명

remark
명 발언 동 발언하다

- a rude **remark** 무례한 발언
- My father **remarked** that I looked happy.
  아버지는 내가 행복해 보였다고 언급했다.
- 파생어 **remarkable** 형 주목할 만한 **remarkably** 부 두드러지게

steady
형 꾸준한

- slow but **steady** progress 느리지만 꾸준한 진전
- 파생어 **steadily** 부 꾸준히

stuff   명 것(들), 물건 동 (~으로) 채워 넣다

- a pile of old **stuff** 오래된 물건 더미
- She **stuffed** her clothes into a suitcase.
  그녀는 옷을 여행 가방에 채워 넣었다.

파생어 **stuffy** 형 (환기가 안 되어) 답답한

alternative   형 대체의, 대안의 명 대안

- **alternative** therapies 대체(대안적) 요법
- I have two **alternatives**: take a taxi or a bus.
  나에게는 두 가지 대안이 있다. 택시를 타거나 버스를 타는 것이다.

파생어 **alternatively** 부 그 대신에

category   명 범주

- in a different **category** 다른 범주 안에

파생어 **categorize** 동 (범주로) 분류하다

파생어 **categorization** 명 분류

conscious   형 의식하는; 의도적인

- I was **conscious** that I was being watched.
  나는 누군가 나를 지켜보고 있다는 것을 의식했다.

파생어 **consciously** 부 의식적으로

파생어 **consciousness** 명 의식

electric   형 전기의

- an **electric** car
  전기 자동차

experiment   명 실험 동 실험하다

- perform an **experiment** 실험을 하다
- **experiment** on animals 동물실험을 하다

파생어 **experimental** 형 실험적인

explode   동 폭발하다; 급격히 증가하다

- Suddenly, the balloon **exploded**.
  갑자기 풍선이 터졌다.

파생어 **explosion** 명 폭발

파생어 **explosive** 형 폭발적인 명 폭발물

impact   명 영향, 충격

- have an **impact** on fashion 패션에 영향을 주다

interpret   동 해석하다; 통역하다

- **interpret** silence as a negative response
  침묵을 부정적인 대답으로 해석하다
- **interpret** English for a Korean
  영어를 한국어로 통역하다

파생어 **interpretation** 명 해석, 설명

파생어 **interpreter** 명 통역사

mere   형 단순한, 단지 ~에 불과한

- a **mere** misunderstanding 단순한 오해
- It takes **mere** seconds. 단지 몇 초밖에 안 걸린다.

파생어 **merely** 부 단지, 그저

route   명 길

- the fastest **route**
  가장 빠른 길

struggle   동 투쟁하다, 발버둥 치다 명 투쟁

- **struggle** to survive 살기 위해 발버둥 치다
- the **struggle** between good and evil 선과 악의 투쟁

survey 명 (설문) 조사 동 조사하다, 살피다

- complete a **survey** 설문지를 작성하다
- We **surveyed** the damage caused by the fire.
  우리는 그 화재로 인한 손상을 살폈다.

task 명 일, 과제

- a difficult **task** 어려운 과제

temporary 형 일시적인

- a **temporary** solution 일시적 해결
- 파생어 **temporarily** 부 일시적으로

apparent 형 분명한

- for no **apparent** reason 분명한 이유 없이
- 파생어 **apparently** 부 보아 하니, 듣자 하니

behave 동 행동하다

- **behave** like a child 아이처럼 행동하다
- 파생어 **behavior** 명 행동
- 파생어 **misbehavior** 명 나쁜 행실, 못된 짓

brief 형 짧은, 간단한

- a **brief** summary 간단한 요약
- 파생어 **briefly** 부 잠시, 간단히

cancel 동 취소하다

- **cancel** the newspaper 신문 구독을 취소하다
- **cancel** an appointment 약속을 취소하다

capable 형 ~할 수 있는; 유능한

- I'm **capable** of doing it myself. 혼자서도 할 수 있다.
- a **capable** lawyer 유능한 변호사
- 파생어 **capability** 명 능력

circumstance 명 상황, 환경

- difficult **circumstances** 어려운 상황

convince 동 확신시키다; 설득하다

- **convince** friends of your honesty
  친구들에게 너의 정직함을 확신시키다
- **convince** him to change his mind
  그의 마음을 바꾸려고 설득하다
- 파생어 **convinced** 형 확신하는 **conviction** 명 확신

disaster 명 재해; 불행

- An earthquake is one of the worst natural **disasters**.
  지진은 최악의 자연재해 중 하나이다.
- 파생어 **disastrous** 형 처참한

distribute 동 분배하다

- **distribute** free samples to customers
  무료 샘플을 고객에게 나눠주다
- 파생어 **distribution** 명 분배

gradual 형 점진적인

- a **gradual** decline 점진적인 하락

injure 동 부상을 입다[입히다]

- She fell and slightly **injured** her knee.
  그녀는 넘어져서 무릎에 살짝 상처를 입었다.
- 파생어 **injury** 명 부상

occasion   명 때, 경우; 행사

- What's the **occasion**? 무슨 특별한 일 있어?
- 파생어 **occasional** 형 때때로의
- 파생어 **occasionally** 부 때때로

path   명 길

- a garden **path** 정원에 나 있는 길

qualify   동 자격을 얻다[주다]

- **qualify** for a membership 회원 자격이 주어지다
- 파생어 **qualified** 형 자격이 있는
- 파생어 **qualification** 명 자격(증)

shift   동 이동하다, 바꾸다[바뀌다] 명 변화; 교대근무

- **shift** back and forth 앞뒤로 이동하다
- a **shift** in public opinion 여론의 변화

urban   형 도시의

- **urban** areas 도시 지역
- 파생어 **urbanized** 형 도시화된 **urbanization** 명 도시화

adopt   동 채택하다; 입양하다

- **adopt** a new lifestyle
  새로운 생활방식을 채택하다
- The couple **adopted** a baby girl.
  그 부부는 여자 아이를 입양했다.
- 파생어 **adoption** 명 채택; 입양

aid   명 원조, 도움 동 돕다

- provide food **aid** to the needy
  가난한 사람들에게 식량 원조를 주다
- **aid** the homeless 노숙자를 돕다

appropriate   형 적절한 (↔ inappropriate)

- an **appropriate** suggestion 적절한 제안
- 파생어 **appropriately** 부 적절하게

atmosphere   명 대기, 공기; 분위기

- a smoky **atmosphere** 연기 자욱한 공기
- a tense **atmosphere** 긴장된 분위기

budget   명 예산 동 예산을 세우다

- a low-**budget** film 저예산 영화
- learn how to **budget** 예산 세우는 법을 배우다

cooperate   동 협력하다

- **cooperate** with the police 경찰에 협조하다
- 파생어 **cooperation** 명 협력
- 파생어 **cooperative** 형 협력하는

duty   명 의무

- fulfill a **duty** to serve in the military
  국방의 의무를 다하다

evolve   동 진화하다

- Languages naturally either **evolve** over time or die out.
  언어는 자연적으로 시간에 걸쳐 진화하거나 사라진다.
- 파생어 **evolution** 명 진화
- 파생어 **evolutionary** 형 진화의; 점진적인

imitate   동 모방하다

- Children **imitate** what they see.
  아이들은 그들이 보는 것을 모방한다.
- 파생어 **imitation** 명 모방; 모조품

intense [형] 강한, 격렬한

- **intense** heat[cold] 극심한 더위[추위]
- 파생어 **intensity** [명] 격렬함
- 파생어 **intensify** [동] 격렬해지다

status [명] 지위; 상황

- have a high social **status** 사회적 지위가 높다
- check on the delivery **status** of an order
  주문한 물품의 배달 상황을 확인하다

theory [명] 이론

- Darwin's **Theory** of Evolution 다윈의 진화 이론

adjust [동] 조정하다; ~에 적응하다

- **adjust** the volume 볼륨을 조정하다
- **adjust** to living alone 혼자 사는 것에 적응하다
- 파생어 **adjustment** [명] 조정; 적응

basis [명] 기반, 기초; 기준

- a **basis** for one's beliefs 신념의 기반
- on a daily **basis** / on a weekly **basis** / on a
  monthly **basis** 날마다 / 주마다 / 달마다

charity [명] 자선 (단체)

- give to **charity** 자선 단체에 돈을 내다

confirm [동] 확인하다

- I'd like to **confirm** my reservation for a flight.
  비행기 표 예약을 확인하고 싶은데요.
- 파생어 **confirmation** [명] 확인

distinct [형] 뚜렷이 다른[구별되는]

- **distinct** differences in taste 뚜렷한 취향 차이
- 파생어 **distinction** [명] (뚜렷한) 차이
- 파생어 **distinctive** [형] 독특한

evaluate [동] 평가하다

- I don't **evaluate** people by their appearance.
  나는 외모로 사람을 평가하지 않는다.
- 파생어 **evaluation** [명] 평가

generous [형] 관대한

- a **generous** offer 관대한 제의
- 파생어 **generosity** [명] 관대함

guarantee [명] 보증, 보장 [동] 보증하다, 보장하다

- offer a **guarantee** 품질을 보증하다
- We cannot **guarantee** a firm delivery date.
  확실한 운송 날짜를 보장해 드릴 수 없습니다.

hesitate [동] 주저하다

- Don't **hesitate** to call for help.
  도움을 청하는 것을 주저하지 마.
- 파생어 **hesitation** [명] 주저, 망설임
- 파생어 **hesitant** [형] 주저하는

horizontal [형] 수평(선)의, 가로의

- a **horizontal** position 수평 자세

moral [형] 도덕의, 도덕적인 (↔ immoral)

- a **moral** obligation 도덕적 의무
- 파생어 **morally** [부] 도덕적으로
- 파생어 **morality** [명] 도덕

obtain 동 얻다

- **obtain** the necessary documents
  필요한 서류를 얻다

rely 동 의지하다

- **rely** on the support of friends
  친구들의 도움에 의지하다
- 파생어 **reliable** 형 의지할 수 있는, 믿을 수 있는

request 명 요청 동 요청하다

- an urgent **request** 긴급한 요청
- You are **requested** not to smoke in the restaurant.
  이 식당에서는 금연해 주시기를 요청합니다.

severe 형 극심한, 혹독한

- a **severe** injury 심각한 부상
- 파생어 **severely** 부 심하게, 혹독하게

victim 명 피해자, 희생자

- a **victim** of an attack 공격의 희생자

annual 형 연례의; 연간의

- an **annual** celebration 연례 축제
- **annual** income 연간 수입
- 파생어 **annually** 부 일 년에 한 번
- 파생어 **anniversary** 명 기념일

awful 형 끔찍한

- an **awful** movie 끔찍한 영화

companion 명 동료, 친구

- a trustworthy **companion** 믿을 수 있는 친구
- 파생어 **companionship** 명 동료애, 우정

devote 동 (시간, 노력 등을) 바치다

- I want to **devote** my time to singing.
  나는 내 시간을 노래에 바치고 싶다.
- 파생어 **devoted** 형 헌신적인

encounter 동 마주치다 명 (예상 밖의) 만남

- **encounter** unexpected difficulties
  예기치 못한 어려움을 마주치다
- a brief **encounter** 짧은 만남

enormous 형 거대한

- an **enormous** house 거대한 집
- 파생어 **enormously** 부 엄청나게

identity 명 신원, 정체; 정체성

- hide one's true **identity** 진짜 신원을 감추다
- 파생어 **identical** 형 동일한

ignorant 형 무지한

- an **ignorant** statement 무지한 주장
- 파생어 **ignorance** 명 무지

owe 동 빚지다

- She **owes** me 5000 won.
  그녀는 내게 5000원을 빚지고 있다.

recall　　동 기억해 내다

- Can you **recall** what the teacher said last week?
  지난주에 선생님이 말한 말 기억하니?

register　　동 등록하다

- **register** for classes 수강 신청을 하다
- 파생어 **registration** 명 등록

stare　　동 빤히 쳐다보다

- Why are you **staring** at me like that?
  너 왜 그렇게 나를 빤히 쳐다보는 거니?

stem　　명 줄기

- A plant's **stem** brings water to its leaves.
  식물의 줄기는 수분을 잎으로 끌어 온다.

accompany　　동 동반하다

- **accompany** someone to an event
  누군가와 행사에 동행하다

adapt　　동 적응하다; 각색하다

- **adapt** to new circumstances 새로운 상황에 적응하다
- This novel was **adapted** for a movie.
  이 소설은 영화로 각색되었다.
- 파생어 **adaptation** 명 적응; 각색

appeal　　동 호소[간청]하다; 관심을 끌다
　　　　　　　명 호소, 간청; 매력

- The design has to **appeal** to all ages.
  그 디자인은 모든 연령의 관심을 끌어야 한다.
- a silent **appeal** 말없는 간청
- 파생어 **appealing** 형 호소하는; 매력적인

breed　　동 번식하다

- Emperor penguins **breed** from June through August.
  황제 펭귄은 6월에서 8월 사이에 번식한다.

cure　　명 치유(법) 동 치유[치료]하다

- a **cure** for poverty 빈곤 해결책
- **cure** a disease 질병을 치료하다

deserve　　동 ~을 받을 만하다

- **deserve** to be treated better
  더 나은 대접을 받을 만하다

division　　명 분할, 분해

- a fair **division** of time and resources
  시간과 자원의 공평한 분배

dramatic　　형 극적인

- a **dramatic** effect 극적인 효과
- 파생어 **dramatically** 부 극적으로

grant　　동 허락하다

- If permission is **granted**, we'll start the project soon.
  허가가 승인이 나면, 우리는 곧 프로젝트를 시작할 겁니다.

insurance　　명 보험

- life **insurance** 생명 보험
- 파생어 **insurer** 명 보험업자[회사]

neglect 동 방치하다 명 방치, 소홀

- **neglect** responsibilities 책임을 등한시하다
- a state of **neglect** 방치 상태
- 파생어 **negligence** 명 부주의, 태만

phenomenon 명 현상

- a natural **phenomenon** 자연 현상
- an unexplained **phenomenon**
  말로 설명할 수 없는 현상

possess 동 소유하다

- **possess** a great deal of wisdom
  많은 지혜를 소유하다
- 파생어 **possession** 명 소유

procedure 명 절차

- follow a **procedure** 절차를 따르다

restrict 동 국한시키다, 가두다

- **restrict** freedom of speech 언론의 자유를 제한하다
- 파생어 **restriction** 명 제한, 규제

session 명 (특정 활동을 위한) 시간

- a Q&A **session** 질의응답 시간
- a photo **session** 사진 촬영 시간

strategy 명 전략

- try a new **strategy** 새로운 전략을 시도하다
- 파생어 **strategic** 형 전략적인
- 파생어 **strategically** 부 전략적으로

sufficient 형 충분한

- **sufficient** time[resources]
  충분한 시간[자원]
- 파생어 **sufficiently** 부 충분히

tempt 동 유혹하다, 유도하다

- **tempt** someone with something
  무언가로 누군가를 유혹하다
- 파생어 **temptation** 명 유혹(하는 것)

wire 명 전선 동 연결하다

- aluminum **wire** 알루미늄 선
- **wire** the plug 플러그를 연결하다
- 파생어 **wireless** 명 무선 (시스템) 형 무선의

approve 동 찬성하다; 승인하다

- **approve** of your decision 당신의 결정에 찬성하다
- **approve** a plan 계획을 승인하다
- 파생어 **approval** 명 찬성; 승인

calculate 동 계산하다

- **calculate** the overall costs 전체 비용을 계산하다
- 파생어 **calculation** 명 계산
- 파생어 **calculator** 명 계산기

consult 동 상담하다

- **consult** with an expert 전문가와 상담하다
- 파생어 **consultant** 명 자문 위원, 컨설턴트

distinguish 동 구별하다

- **distinguish** between right and wrong
  옳고 그름을 구별하다
- 파생어 **distinguished** 형 유명한, 성공한

diverse
형 다양한

- a **diverse** range of options 다양한 종류의 선택
- 파생어 **diversely** 부 다양하게
- 파생어 **diversity** 명 다양성

ease
동 덜어주다, 편하게 하다
명 편안함, 쉬움

- **ease** the pain 고통을 덜어주다
- a life of **ease** 편안한 삶
- 파생어 **uneasy** 형 불안한, 우려되는
- 파생어 **uneasiness** 명 불안, 걱정

emergency
명 비상(사태)

- You should keep calm in an **emergency**.
  비상시에는 침착성을 잃지 않는 것이 중요하다.
- Do you know who to contact in an **emergency**?
  비상시에 누구에게 연락해야 하는지 알고 있니?

enhance
동 높이다

- **enhance** one's quality of life 삶의 질을 높이다
- 파생어 **enhancement** 명 향상

estimate
동 추산하다 **명** 추산; 견적서

- **estimate** the potential costs 잠재 비용을 추산하다
- an **estimate** of the price 견적서
- 파생어 **overestimate** 동 과대평가하다 (↔ underestimate)
- 파생어 **estimation** 명 평가, 판단

fasten
동 (벨트, 단추 등을) 매다, 채우다

- **fasten** one's seatbelt 안전띠를 매다

flood
명 홍수 **동** 물에 잠기게 하다

- a **flood** of information 정보의 홍수
- Water **flooded** local villages.
  물이 지역 마을을 잠기게 했다.

function
명 기능

- provide an important **function**
  중요한 기능을 제공하다
- 파생어 **functional** 형 기능(상)의; 실용적인

govern
동 통치하다, 지배하다

- **govern** responsibly 책임감 있게 통치하다
- 파생어 **governor** 명 (미국에서) 주지사

legal
형 법률의, 법률과 관련된; 합법적인

- take **legal** advice 법률적 자문을 받다
- 파생어 **legalize** 동 합법화하다

objective
명 목적, 목표 **형** 객관적인

- accomplish an **objective** 목표를 이루다
- an **objective** opinion 객관적 의견
- 파생어 **objectively** 부 객관적으로
- 파생어 **objectivity** 명 객관성

physics
명 물리학

- a principle of **physics** 물리학 원리
- 파생어 **physicist** 명 물리학자

prejudice　명 편견

- fight against **prejudice** 편견에 맞서 싸우다
- 파생어 **prejudiced** 형 편견이 있는

secure　동 확보하다; 지키다　형 안전한

- **secure** a proof 증거를 확보하다
- a **secure** place 안전한 장소
- 파생어 **security** 명 안전, 보안
- 파생어 **securely** 부 단단히, 꽉

stable　형 안정된 (↔ unstable)

- be in a **stable** relationship 안정적인 관계
- 파생어 **stability** 명 안정(감) (↔ instability)
- 파생어 **stabilize** 동 안정되다; 안정시키다

tide　명 조수, 조류

- a rising **tide** 밀물

vast　형 막대한, 방대한

- a **vast** amount of information 방대한 양의 정보
- 파생어 **vastly** 부 엄청나게

wander　동 거닐다, 헤매다

- **wander** around aimlessly 목적 없이 헤매다
- 파생어 **wanderer** 명 방랑자

weed　명 잡초　동 잡초를 뽑다

- The garden is full of **weeds**.
  정원이 잡초로 가득하다.
- We need to **weed** the garden.
  우리는 정원의 잡초를 뽑아야 한다.

acceptable　형 받아들일 수 있는

- an **acceptable** suggestion 받아들일 수 있는 제안

arise　동 발생하다

- a problem **arises** 문제가 발생하다

assure　동 장담[보장]하다

- He **assured** me that he would fix the issue.
  그는 그 문제를 해결할 것이라고 나에게 장담했다.
- 파생어 **assurance** 명 장담, 보장

capacity　명 용량, 수용력; 능력

- storage **capacity** 저장 용량
- Does she have the **capacity** to handle this job?
  그녀에게 이 일을 해결할 능력이 있나요?

clue　명 단서

- search for **clues** 단서를 찾다

cruel　형 잔인한

- a **cruel** punishment 잔인한 형벌
- 파생어 **cruelty** 명 잔인함

document　명 서류　동 기록하다

- an important **document** 중요한 서류
- Be sure to **document** everything that happens.
  일어나는 모든 일을 확실하게 기록해라.

Review Test   SET 05에서 배운 모든 단어들의 의미를 복습해 봅시다.

001	isolate	019	circumstance
002	horizontal	020	ease
003	identity	021	duty
004	vast	022	struggle
005	stuff	023	convince
006	cooperate	024	secure
007	evolve	025	correct
008	urgent	026	shift
009	impact	027	neglect
010	grant	028	capable
011	experiment	029	cancel
012	obtain	030	weed
013	distinguish	031	route
014	tide	032	approve
015	cure	033	category
016	gradual	034	apparent
017	attach	035	task
018	behave	036	clue

037	legal	057	calculate
038	temporary	058	conscious
039	flood	059	stem
040	acceptable	060	intense
041	estimate	061	prejudice
042	steady	062	victim
043	budget	063	cruel
044	reasonable	064	brief
045	phenomenon	065	aid
046	imitate	066	charity
047	document	067	adopt
048	physics	068	explode
049	stable	069	wander
050	devote	070	fasten
051	dramatic	071	remark
052	status	072	path
053	electric	073	rely
054	injure	074	theory
055	insurance	075	occasion
056	survey	076	objective

077	function	097	remark
078	adapt	098	manufacture
079	annual	099	hesitate
080	capacity	100	breed
081	urban	101	assure
082	division	102	register
083	strategy	103	mere
084	guarantee	104	ignorant
085	deserve	105	confirm
086	request	106	encounter
087	recall	107	moral
088	consult	108	session
089	arise	109	atmosphere
090	qualify	110	govern
091	enormous	111	restrict
092	enhance	112	appropriate
093	alternative	113	legal
094	procedure	114	basis
095	distribute	115	diverse
096	wire	116	associate

117	enhance
118	awful
119	appeal
120	adjust
121	evaluate
122	demonstrate
123	stare
124	companion
125	possess
126	interpret
127	emergency
128	disaster
129	owe
130	severe
131	generous
132	accompany

enthusiastic [형] 열광적인, 열렬한

- **enthusiastic** supporters 열렬한 지지자들
- 파생어 **enthusiasm** [명] 열광, 열정 **enthusiast** [명] 열광적인 팬

former [형] 이전의; (둘 중에서) 전자의 (↔ latter)

- a **former** athlete 전(前) 운동선수
- Of these two options, the **former** is less expensive. 두 가지 선택권 중, 전자가 덜 비쌉니다.

internal [형] 내부의 (↔ external)

- **internal** organs 내부 기관, 내장
- 파생어 **internally** [부] 내부적으로

mature [형] 성숙한 [동] 자라다, 성숙해지다

- You look **mature** for your age.
  나이보다 성숙해 보이네요.
- Experience has **matured** me.
  경험이 나를 성숙해지게 했다.
- 파생어 **maturity** [명] 성숙함

mess [명] 엉망인 상태 [동] 엉망으로 만들다

- Look at this **mess**! 이 난장판 좀 봐!
- She's afraid she'll **mess** up on the test.
  그녀는 시험을 망칠까 봐 두려워한다.
- 파생어 **messy** [형] 엉망인, 지저분한

permanent [형] 영구적인

- **permanent** damage 영구적인 손상
- 파생어 **permanently** [부] 영구적으로

phrase [명] 구(句), 구절

- a common **phrase** 흔한 문구

regulate [동] 규제하다; 조절하다

- **regulate** the content of the Internet
  인터넷 콘텐츠를 규제하다
- **regulate** the temperature 온도를 조절하다
- 파생어 **regulation** [명] 규제, 규정

rural [형] 시골의, 지방의

- a **rural** area 시골 지역

submit [동] 제출하다

- **submit** a report 보고서를 제출하다
- 파생어 **submission** [명] 제출

swallow　　图 삼키다

- **swallow** a pill 알약을 삼키다

tend　　图 경향이 있다

- I **tend** to gain weight easily.
  나는 쉽게 살이 찌는 경향이 있다.
- 파생어 **tendency** 명 경향

trap　　명 덫 图 가두다

- fall into a **trap** 덫에 걸리다
- We were **trapped** in the elevator.
  우리는 엘리베이터에 갇혔다.

witness　　명 목격자 图 목격하다

- according to a **witness** 목격자에 따르면
- **witness** an event 사건을 목격하다

abandon　　图 버리다

- **abandon** a habit 습관을 버리다
- 파생어 **abandoned** 형 버려진
- 파생어 **abandonment** 명 버림, 포기

anticipate　　图 예상하다; 기대하다

- **Anticipate** what the interviewers will ask.
  면접관들이 무엇을 물어볼지 예상하라.
- We **anticipate** pleasure from our trip.
  우리는 여행에서 즐거움을 얻기를 기대한다.

barely　　图 거의 ~ 아니게, 간신히

- **barely** escape death 간신히 목숨을 건지다

colleague　　명 동료

- Ted is a **colleague** of mine. 테드는 내 동료이다.

comment　　명 논평, 언급
　　图 논평하다, 견해를 밝히다

- a rude **comment** 무례한 말[논평]
- refuse to **comment** 논평하기를 거부하다
- 파생어 **commentary** 명 (라디오, TV의) 실황 방송

context　　명 맥락

- out of **context** 맥락을 벗어난

contract　　명 계약
　　图 계약하다; 수축하다, 줄(이)다

- make a **contract** 계약을 하다
- I have **contracted** to work 20 hours a week.
  나는 주당 20시간을 일하기로 계약했다.
- **contract** a muscle 근육을 수축시키다

critical　　형 비판적인; 중요한

- a **critical** comment 비판적인 논평
- a **critical** phase 중대한 국면
- 파생어 **criticize** 图 비판하다 **criticism** 명 비판 **critic** 명 비평가

deny　　图 부인하다, 부정하다

- **deny** reality 현실을 부정하다
- 파생어 **denial** 명 부인, 부정

derive　　图 ~에서 비롯되다

- a word **derived** from Latin 라틴어에서 유래된 단어

discipline
명 규율, 훈육 동 징계하다

- severe **discipline** 엄격한 규율
- **discipline** a child for bad behavior
  잘못된 행동을 한 데 대해 아이를 징계하다

파생어 **disciplined** 형 훈련된, 단련된

domestic
형 국내의; 가정의

- the **domestic** economy 국내 경제
- **domestic** violence 가정 폭력

empire
명 제국

- the Roman **Empire** 로마 제국

파생어 **emperor** 명 황제

eliminate
동 제거하다

- **eliminate** the causes of a problem
  문제의 원인을 제거하다

파생어 **elimination** 명 제거

insight
명 통찰(력)

- a leader of great **insight**
  대단한 통찰력을 지닌 지도자

long
동 간절히 바라다

- I'm **longing** to see you again.
  당신을 다시 만나게 되길 간절히 바라고 있어요.

파생어 **longing** 명 갈망, 열망

modest
형 보통의; 겸손한

- a **modest** little house 보통의 작은 주택
- He's very **modest** about his success.
  그는 자신의 성공에 대해 아주 겸손하다.

파생어 **modesty** 명 겸손

mutual
형 상호 간의

- a **mutual** understanding 상호 이해

파생어 **mutually** 부 상호 간에, 서로

occupy
동 차지하다, 사용하다

- Our offices will **occupy** the third floor of the new building. 우리 사무실은 신관 3층에 위치할 것이다.

파생어 **occupation** 명 거주, 사용; 직업

poverty
명 가난

- live in **poverty** 가난하게 살다

precise
형 정확한

- Please tell me a **precise** number.
  정확한 번호를 말씀해 주세요.

파생어 **precisely** 부 정확히, 바로 그

protest
동 항의하다 명 항의, 시위

- **protest** against the nuclear testing 핵실험에 항의하다
- a **protest** march 항의 행진

pursue
동 추구하다; 쫓다

- **pursue** an objective 목표를 추구하다
- Police **pursued** the car at high speed.
  경찰이 빠른 속도로 그 차를 쫓았다.

파생어 **pursuit** 명 추구; 추적

receipt
명 영수증

- ask for a **receipt** 영수증을 요청하다

retire 동 은퇴하다

- My father plans to **retire** in two years.
  아버지는 2년 후에 은퇴하실 계획이다.
  파생어 **retirement** 명 은퇴

ripe 형 (무르)익은

- a **ripe** apple 잘 익은 사과
  파생어 **ripen** 동 익다[익히다]

scale 명 규모; 등급; 저울

- on a large[small] **scale** 대[소]규모로
- a **scale** of A to F A부터 F까지의 등급
- a bathroom **scale** 욕실 저울

scatter 동 흩뿌리다

- Books were **scattered** across the floor.
  책들이 바닥 전체에 흩어져 있었다.

tribe 명 부족, 종족

- a minority **tribe** 소수 부족
  파생어 **tribal** 형 부족의, 종족의

tune 명 선율, 곡[노래] 동 조정하다

- sing a **tune** 선율을 노래하다
- **tune** an instrument 악기를 조율하다

vital 형 필수적인; 활력이 넘치는

- **vital** for living creatures 살아 있는 생물체에게 필수적인
- Exercise keeps my grandmother **vital**.
  운동은 우리 할머니가 계속 활력이 넘치도록 해준다.
  파생어 **vitality** 명 활력 **vitalize** 동 활력을 주다

aggressive 형 공격적인

- an **aggressive** manner 공격적인 태도

agriculture 명 농업

- The land is not suited for **agriculture**.
  그 땅은 농업에 적합하지 않다.
  파생어 **agricultural** 형 농업의

assemble 동 모으다; 조립하다

- **assemble** a team 팀을 모으다
- **assemble** some furniture 가구를 조립하다
  파생어 **assembly** 명 집회; 조립; 의회, 입법부

bond 명 유대, 결속; 채권
　　　　동 유대감을 형성하다

- A **bond** of friendship 우정 어린 유대
- stocks and **bonds** 주식과 채권
- The team has **bonded** together well.
  그 팀은 유대감을 잘 형성해 왔다.

crush 동 으스러뜨리다

- The car was completely **crushed** in the accident.
  사고로 차가 완전히 으스러졌다.

debate 명 토론, 논쟁 동 토론하다, 논의하다

- a lively **debate** 활발한 토론
- **debate** the pros and cons 장단점을 논의하다

emerge 동 나오다, 나타나다

- **emerge** from water 물속에서 나오다
  파생어 **emerging** 형 최근 생겨난, 신생의

equip
동 장비를 갖추다

- be **equipped** with the most modern facilities
가장 현대식 시설을 갖추고 있다
파생어 **equipment** **명** 장비

exclude
동 제외하다 (↔ include)

- **exclude** a possibility 가능성을 배제하다
파생어 **exclusive** **형** 배타적인, 독점적인
파생어 **exclusion** **명** 제외 **excluding** **전** ~을 제외하고 (↔ including)

household
명 가정

- a three-person **household** 3인 가정

initial
형 처음의 **명** 머리글자

- an **initial** plan 처음의 계획
- The **initials** of Brad Pitt are BP.
브래드 피트의 머리글자는 BP이다.
파생어 **initially** **부** 처음에

innovate
동 혁신하다

- continue to **innovate** 계속해서 혁신하다
파생어 **innovation** **명** 혁신
파생어 **innovative** **형** 획기적인

laboratory
명 실험실

- the science **laboratory[lab]** 과학 실험실

load
명 짐 **동** (짐을) 싣다 (↔ unload)

- a heavy **load** 무거운 짐
- **load** a car 차에 짐을 싣다

moderate
형 적당한, 중간의

- **moderate** exercise 적당한 운동
파생어 **moderately** **부** 적당히
파생어 **moderation** **명** 적당함, 절제

passage
명 통과, 흐름; (책의) 구절; 통로

- the **passage** of time 시간의 흐름
- a **passage** from the Bible 성서의 한 구절
- a narrow **passage** 좁은 통로

passive
형 수동적인 (↔ active)

- a **passive** attitude 수동적인 태도
파생어 **passively** **부** 수동적으로

persist
동 (고집스럽게) 계속하다

- The reporter **persisted** with her questioning.
그 기자는 집요하게 계속해서 질문했다.
파생어 **persistence** **명** 고집
파생어 **persistent** **형** 끈질긴

perspective
명 관점; 원근법

- a new **perspective** 새로운 관점
- Your painting is out of **perspective**.
네 그림은 원근법에 어긋나.

pose
동 자세를 취하다 **명** 자세, 포즈

- **pose** for the camera 카메라를 향해 자세를 취하다
- an uncomfortable **pose** 불편한 자세

prior
형 사전의, 이전의

- without **prior** notice 사전 공지 없이
파생어 **priority** **명** 우선순위

proceed
동 진행하다, 진행되다

- **proceed** with caution 조심스럽게 진행하다

resolve
동 해결하다; 결심하다

- **resolve** a conflict 갈등을 해결하다
- **resolve** to start again 다시 시작하기로 결심하다

파생어 **resolution** 명 해결; 결심

sacrifice
명 희생 동 희생하다

- The war required much **sacrifice**.
  전쟁은 많은 희생을 요구했다.
- Some students **sacrifice** sleep to study.
  어떤 학생은 공부하기 위해 잠을 자지 않는다.

spoil
동 망치다; (음식이) 상하다

- He always **spoils** everything.
  그는 언제나 모든 것을 망친다.
- Warm milk **spoils** quickly. 따뜻한 우유는 빨리 상한다.

valid
형 유효한 (↔ invalid)

- Your passport is no longer **valid**.
  당신의 여권은 더는 유효하지 않습니다.

파생어 **validity** 명 유효함

authority
명 권한; ((주로 복수형)) 당국

- You don't have the **authority** to give orders.
  당신은 명령을 내릴 권한이 없습니다.
- the health **authorities** 보건 당국

beneath
전 아래에

- **beneath** the surface 표면 아래에

component
명 (구성) 요소

- an essential **component** 필수적인 요소

council
명 의회

- the city **council** 시 의회

contemporary
형 현대의; 동시대의
명 동시대인, 동년배

- **contemporary** music 현대 음악
- A carriage isn't **contemporary** with a car.
  마차는 자동차와 동시대의 것이 아니다.
- He was a **contemporary** of Shakespeare.
  그는 셰익스피어와 동시대인이다.

defeat
동 패배시키다 명 패배

- **defeat** an enemy 적을 무찌르다
- a humiliating **defeat** 굴욕적인 패배

flavor
명 맛

- three different **flavors** 세 가지 다른 맛

파생어 **flavored** 형 (~의) 맛이 나는

flexible
형 신축성[유연성] 있는 (↔ inflexible)

- **flexible** materials 신축성 있는 물질
- a **flexible** plan 융통성 있는 계획

파생어 **flexibility** 명 유연성, 융통성

fundamental
형 근본적인

- a **fundamental** change 근본적인 변화

파생어 **fundamentally** 부 근본적으로, 완전히

gender
명 성, 성별

- Please write down your name, age, and **gender**.
  이름, 나이, 성별을 적어 주세요.

grain
명 곡물; 알갱이

- **grain** production 곡물 생산량
- a **grain** of sand 모래 알갱이

haste
명 서두름

- The letter was written in **haste**.
  그 편지는 급하게 쓴 것이다.
- 파생어 **hasty** **형** 성급한

heal
동 치유되다[하다]

- **heal** from an injury 부상에서 치유되다

illustrate
동 분명히 보여주다; 삽화를 넣다

- **illustrate** a point 요점을 분명히 보이다
- **illustrate** a book 책에 삽화를 넣다
- 파생어 **illustration** **명** 실례, 보기; 삽화

launch
동 시작[개시]하다; (상품을) 출시하다; 발사하다 **명** 개시; 출시

- **launch** an investigation 조사를 시작하다
- **launch** new products 신상품을 출시하다
- **launch** a rocket 로켓을 발사하다

lean
동 기울이다, 기대다

- Don't **lean** against the subway door.
  지하철 문에 기대어 서 있지 마라.

mission
명 임무

- a rescue **mission** 구조 임무

modify
동 수정[변경]하다

- **modify** a design 디자인을 수정하다
- 파생어 **modification** **명** 수정, 변경

pile
명 무더기, 더미 **동** 쌓다

- a **pile** of trash 쓰레기 더미
- Papers are **piled** high on the desk.
  서류들이 책상 위에 높이 쌓여 있다.

puzzle
명 퍼즐 **동** 어리둥절하게 하다

- I completed the 1,000 piece **puzzle**.
  나는 1,000조각짜리 퍼즐을 완성했다.
- His question **puzzled** me.
  그의 질문은 나를 어리둥절하게 만들었다.

retain
동 보유[유지]하다

- **retain** ownership 소유권을 유지하다

spare
형 남는, 여분의 **동** 할애하다, 내어주다; (고생 등을) 피하게 해주다

- **spare** time 남는(여가) 시간
- Can you **spare** a few minutes?
  잠깐 시간 좀 내주실 수 있으세요?
- The children were **spared** from the disease.
  아이들은 그 질병에 걸리지 않았다.

scent
명 향기

- a pleasant **scent** 기분 좋은 향기

sweep 통 쓸다, 휩쓸다

- **sweep** the floor 바닥을 쓸다

theme 명 주제

- the **theme** of a movie 영화의 주제

trace 명 자취, 흔적 통 추적하다

- vanish without a **trace** 흔적도 없이 사라지다
- **trace** missing baggage 분실한 수하물을 추적하다

welfare 명 복지

- **welfare** benefits 복지 혜택

worship 통 예배[숭배]하다 명 예배, 숭배

- Hindus **worship** cows. 힌두교 신자들은 소를 숭배한다.
- a place of **worship** 예배 장소

absence 명 부재, 없음

- an **absence** of proof 증거가 없음
- a leave of **absence** 휴가

abstract 형 추상적인

- an **abstract** concept 추상적인 개념

abuse 명 남용, 오용; 학대
통 남용[오용]하다; 학대하다

- drug **abuse** 약물 남용 • animal **abuse** 동물 학대
- He **abused** his power. 그는 권력을 남용했다.
- They were emotionally **abused**.
그들은 정서적으로 학대받았다.

approximate 형 대략의

- the **approximate** cost 대략의 비용
- 파생어 **approximately** 부 거의, 대략

artificial 형 인공의

- **artificial** lighting 인공조명

ban 통 금지하다

- Smoking is **banned** in all public buildings.
모든 공공건물 내에서 흡연은 금지된다.

barrier 명 장벽; 장애물

- concrete **barriers** 콘크리트 장벽
- a **barrier** to success 성공을 막는 장애물

command 명 명령; 통제 통 명령[지시]하다

- a tone of **command** 명령조
- **command** an army 군을 지휘하다

conquer 통 정복하다

- **conquer** a fear 두려움을 정복[극복]하다
- 파생어 **conqueror** 명 정복자

corporate 형 기업의, 법인의

- a **corporate** strategy 기업 전략
- 파생어 **corporation** 명 기업, 법인

crisis 명 위기

- a state of **crisis** 위기 상태

crucial
형 중대한

- a **crucial** decision 중대한 결정

disabled
형 장애를 가진

- **disabled** people 장애인
- 파생어 **disability** **명** 장애

draft
명 원고, 초안

- a first **draft** 초안

executive
명 경영 간부[이사]; 경영진
형 경영[운영]의

- advertising **executives** 홍보 이사
- She has an **executive** position in the company. 그녀는 회사의 경영직에 있다.

faith
명 믿음

- I have **faith** in my future. 나는 내 미래에 대한 믿음을 가지고 있다.
- 파생어 **faithful** **형** 충실한

fame
명 명성

- She gained **fame** as an actress. 그녀는 여배우로서의 명성을 얻었다.
- 파생어 **famous** **형** 유명한

genuine
형 진짜의

- The signature is **genuine**. 그 서명은 진짜이다.
- a **genuine** article 진짜, 진품
- 파생어 **genuinely** **부** 진정으로

greed
명 탐욕

- **greed** for money and power 돈과 권력을 향한 탐욕
- 파생어 **greedy** **형** 탐욕스러운

imply
동 암시[시사]하다

- Are you **implying** that I am wrong? 제가 틀렸다는 뜻인가요?
- 파생어 **implication** **명** 암시

impose
동 부과[강요]하다

- **impose** a tax on meat 육류에 세금을 부과하다

joint
형 공동의 **명** 관절

- establish a **joint** company 공동 회사를 설립하다
- the knee **joint** 무릎 관절

layer
명 막, 층 **동** 층층이 놓다[쌓다]

- a thick **layer** of dust 두껍게 쌓인 먼지
- **Layer** the banana slices in the bottom of a glass. 바나나 조각을 유리잔 바닥에 층층이 쌓으세요.

liquid
명 액체

- Water and milk are **liquids**. 물과 우유는 액체이다.

loan
명 대출(금) **동** 대출하다, 빌려주다

- pay back the **loan** 대출금을 갚다
- I **loaned** some money to my friend. 나는 친구에게 돈을 좀 빌려주었다.

logic   명 논리

- There's no **logic** in your argument.
  당신의 주장에는 논리가 없습니다.

파생어 **logical** 형 논리적인, 타당한 (↔ illogical)

numerous   형 많은

- There are **numerous** possible explanations for this.
  이에 대해서는 많은 가능한 설명들이 있다.

persuade   동 설득하다

- I **persuaded** my mother to go to the hospital.
  나는 어머니가 병원에 가시도록 설득했다.

파생어 **persuasion** 명 설득
파생어 **persuasive** 형 설득력 있는

philosophy   명 철학

- a **philosophy** of life 삶의 철학

파생어 **philosopher** 명 철학자

polish   동 닦다 명 광택(제)

- I **polished** my shoes. 나는 내 신발을 닦았다.
- shoe **polish** 구두 광택제
- nail **polish** 매니큐어

portion   명 부분, 일부; 1인분

- a considerable **portion** of the city
  도시의 상당 부분
- Three **portions** of beef ribs, please.
  소갈비 3인분 주세요.

pretend   동 ~인 척하다

- She **pretended** to be asleep. 그녀는 잠이 든 척했다.

rescue   동 구하다 명 구출, 구조

- **rescue** an animal 동물을 구조하다
- a **rescue** attempt 구조 시도

restore   동 회복시키다, 복원하다

- She **restores** old paintings.
  그녀는 옛날 그림들을 복원한다.

파생어 **restoration** 명 회복, 복원

reverse   동 뒤바꾸다 형 (정)반대의

- **reverse** the decision 결정을 뒤바꾸다
- in **reverse** order 정반대의 순서로, 역순으로

revise   동 변경[수정]하다

- **revise** a plan 계획을 변경하다

파생어 **revision** 명 수정 (사항)

royal   형 국왕[여왕]의

- the **royal** family 왕가[왕실]

rubber   명 고무

- Tires are made from **rubber**.
  타이어는 고무로 만들어진다.

sincere   형 진실한

- a **sincere** apology 진실한 사과

파생어 **sincerely** 부 진심으로 **sincerity** 명 성실, 정직

Review Test   SET 06에서 배운 모든 단어들의 의미를 복습해 봅시다.

001	passage	019	logic
002	retire	020	spare
003	liquid	021	agriculture
004	authority	022	crucial
005	sweep	023	component
006	crisis	024	impose
007	phrase	025	tend
008	sacrifice	026	flavor
009	persuade	027	loan
010	mission	028	polish
011	disabled	029	insight
012	submit	030	numerous
013	executive	031	heal
014	contemporary	032	restore
015	revise	033	protest
016	long	034	rubber
017	rescue	035	resolve
018	contract	036	vital

037	philosophy	057	equip
038	internal	058	scent
039	abuse	059	former
040	critical	060	genuine
041	tune	061	precise
042	regulate	062	comment
043	proceed	063	poverty
044	flexible	064	draft
045	domestic	065	modify
046	imply	066	ripe
047	layer	067	innovate
048	derive	068	beneath
049	mess	069	faith
050	pose	070	trap
051	occupy	071	barely
052	approximate	072	retain
053	persist	073	passive
054	aggressive	074	spoil
055	gender	075	joint
056	conquer	076	enthusiastic

077	laboratory	097	corporate
078	royal	098	debate
079	exclude	099	pile
080	welfare	100	initial
081	anticipate	101	scale
082	illustrate	102	fame
083	empire	103	colleague
084	worship	104	grain
085	mature	105	sincere
086	ban	106	abstract
087	household	107	greed
088	moderate	108	swallow
089	portion	109	artificial
090	discipline	110	council
091	valid	111	lean
092	bond	112	receipt
093	defeat	113	theme
094	witness	114	reverse
095	trace	115	permanent
096	modest	116	crush

117	scatter	137	command
118	fundamental	138	mutual
119	puzzle		
120	context		
121	barrier		
122	launch		
123	pretend		
124	eliminate		
125	perspective		
126	tribe		
127	abandon		
128	emerge		
129	haste		
130	deny		
131	absence		
132	assemble		
133	pursue		
134	load		
135	rural		
136	prior		

효과적인 어휘 공부법 5

이어동사 이해하기

이어동사(two-word verbs)란 bring up, turn down 등과 같이 동사에 부사나 전치사가 붙어 둘 이상의 단어가 하나의 동사 역할을 하는 것을 가리킨다. 이어동사는 다음과 같이 개별 단어의 기본적인 뜻 조합을 바탕으로 문맥에 맞게 확장해서 이해하면 된다.

turn + down ⋯▶ 아래로 돌리다 ⋯▶ (제안 등을) 돌려보내다 ⋯▶ 거절하다

단, 의미가 확장되는 경우가 많으므로 반드시 문맥 속에서 그 확장 과정을 이해하는 방식으로 학습해야 한다.

up과 결합한 이어동사

❶ 상승, 증가 – 낮은 곳에서 높은 곳으로 위치나 움직임이 상승. 속도나 정도가 증가하는 것도 의미한다.
❷ 출현 – 없다가 나타나거나 가까이 다가옴을 나타낸다.
❸ 완료 – 행위가 완료된 것을 의미한다.

---

bring up	기르다; 제기하다

bring + up → 위로 가져오다 ┌ (아이를) 위로 가져오다. 자라게 하다 → **기르다**
└ (문제, 화제 등을) 위로 가져오다 → **제기하다**

- If you want to **bring up** children properly, be careful not to be too generous towards them. [기출 응용]
  아이들을 제대로 기르기를 원한다면, 그들에게 너무 관대해지지 않도록 주의해라.
- The issue will be **brought up** again at the next meeting.
  그 사안은 다음 회의에서 다시 제기될 것이다.

---

set up	시작[설립]하다; 마련하다

set + up → 위로 세우다 ┌ (사업 등을) 위로 세우다 → **시작[설립]하다**
└ (약속, 행사 등을) 위로 세우다 → (어떤 일이 일어나도록) **마련하다**

- After his retirement, my grandfather **set up** a shop downtown and sold coffee and newspapers. [기출 응용]
  은퇴 후에 할아버지는 시내에서 가게를 시작해서 커피와 신문을 판매하셨다.
- I'll **set up** a meeting for Thursday. 내가 목요일로 회의를 잡아 놓을게요.

---

take up	시작하다; 차지하다, 쓰다

take + up → 위로 집어 들다 ┌ (새로운 일을) 위로 집어 들다 → **시작하다**
└ (공간, 시간 등을) 위로 집어 들다, 취하다 → **차지하다, 쓰다**

- I have **taken up** jogging recently. 나는 최근 조깅을 시작했다.
- I'll try not to **take up** too much of your time. 네 시간을 너무 많이 쓰지 않도록 할게.

show up

나타나다

show + up → 나타나 보이다 → (예정된 곳에) **나타나다**

- My friend was supposed to be here an hour ago, but he hasn't **shown up** yet. [기출 응용]
  내 친구는 한 시간 전에 여기 오기로 되어 있었지만 아직 나타나지 않았다.

use up

다 써 버리다

use + up → 다 써 버리다

- I've already **used up** all the money I had. 나는 이미 가지고 있는 돈을 다 써버렸다.

end up

(결국) ~하고 말다

end + up → (~하는 것으로) 끝나 버리다 → (결국) **~하고 말다**

- I yielded to temptation and **ended up** buying things that I really don't need. [기출 응용]
  나는 유혹에 굴복해 진짜로 필요하지 않은 물건들을 결국 사고 말았다.

down과 결합한 이어동사

하강, 감소

높은 곳에서 낮은 곳으로 위치나 움직임이 하강. 속도나 정도가 감소하는 것도 의미한다.
감정이 하락하거나 상대를 무시하는 것까지 의미한다.

bring down

낮추다, 줄이다

bring + down → (가격 등을) 아래로 가져오다 → **낮추다, 줄이다**

- Can you **bring down** the price a bit for me? 가격 좀 깎아 주시겠어요?

hand down

물려주다

hand + down → 아래로 건네주다 → (후세에) **물려주다**

- He **handed down** his business to his son. 그는 아들에게 사업을 물려주었다.

turn down

(소리 등을) 낮추다; 거절하다

turn + down → 아래로 돌리다 ┌ (조절 장치를) 아래로 돌리다 → (소리 등을) **낮추다**
└ (제안 등을) 돌려보내다 → **거절하다**

- Would you please **turn down** the volume on the TV? I'm on the phone. [기출 응용]
  텔레비전 소리를 낮춰 줄래? 지금 통화 중이거든.
- She **turned** my offer **down**. 그녀는 내 제안을 거절했다.

let down

실망시키다

let + **down** → (감정이) 아래로 가라앉게 하다 → **실망시키다**

- You really **let** me **down**. 너는 정말 나를 실망시켰어.

look down on

얕보다, 무시하다

look + **down** + **on** → ~위를 내려다보다 → **얕보다, 무시하다**

- I never **look down on** others.
  나는 절대로 다른 사람들을 무시하지 않는다.

on과 결합한 이어동사

❶ **접촉** – 물체끼리 닿아 있는 것, 연결된 것을 의미한다.
❷ **유지, 지속** – 동작이나 상태가 연결되어 지속되는 것을 나타낸다.
❸ **대상, 근거** – 관련된 대상이나 근거를 나타낸다.
❹ **의존**

try on

입어[신어]보다

try + **on** → (옷, 신발 등을) 접촉해 시도해보다 → **입어[신어]보다**

- Would you like to **try on** those boots to see if they fit you? [기출 응용]
  당신께 맞는지 확인하기 위해 저 부츠를 신어보시겠어요?

keep on

계속하다

keep + **on** → (동작을) 계속 유지하다 → **계속하다**

- Despite the pain she suffered from her injuries, she **kept on** exercising until she was able to run again. [기출 응용]
  부상으로 말미암은 고통에도 그녀는 다시 달릴 수 있게 될 때까지 운동을 계속했다.

hold on (to)

(의견, 입장 등을) 고수하다, 지키다; 기다리다

hold + **on**(+ **to**) → 계속 붙들다 ┌ (놓치지 않게) 꽉 쥐다[잡다] → (의견, 입장 등을) **고수하다, 지키다**
                                        └ (그 상태를) 유지하다 → **기다리다**

- I admire those who **hold on to** their dreams in difficult situations. [기출 응용]
  나는 어려운 상황에서도 꿈을 지키는 사람들을 존경한다.
- Please **hold on** for just a moment. 잠시만 기다려주십시오.

work on

~에 애쓰다, 공들이다

work + on → ~에 관해 일하다 → ~에 애쓰다, 공들이다

- If I'm elected, I'll **work on** extending the library hours, so that we can study longer each day. [기출 응용]
  제가 당선된다면 도서관 이용시간을 늘리는 데 애써서 우리가 매일 더 오래 공부할 수 있게 하겠습니다.

count on

~을 의지하다, 믿다

count + on → ~을 의지하다, 믿다

- We often **count on** family for help and advice when things are tough. [기출 응용]
  상황이 어려울 때 우리는 종종 도움과 충고를 줄 수 있는 가족에게 의지한다.

off와 결합한 이어동사

❶ **분리, 단절** – 두 물체가 붙어 있다가 떨어지거나 서로 떨어져 있는 상태를 나타낸다. 또한, 작용이나 관계 등의 단절을 의미한다.
❷ **돋보임**
❸ **발산** – 냄새나 연기 등이 밖으로 나오는 것을 나타낸다.
❹ **완료** – 채무나 일 등을 완료하는 것을 나타낸다.

take off

벗다; 이륙하다, 날아오르다; 쉬다

take + off → 분리해서 가져가다, 이동시키다 ┌ (신발, 옷 등을) 분리하다 → **벗다**
├ (비행기 등이 땅에서) 분리되다 → **이륙하다, 날아오르다**
└ (일에서 ~동안) 분리되다 → **쉬다**

- **Take off** your coat and have a seat here. 코트 벗으시고 여기 앉아 계세요.
- We had boarded our plane, and the plane **took off** on time.
  우리는 비행기에 탑승했고, 비행기는 정시에 이륙했다.
- I've decided to **take** a few days **off** next week. 나는 다음 주에 며칠 쉬기로 했다.

put off

미루다, 연기하다

put + off → (약속이나 해야 할 일을) 멀리 떨어뜨려 놓다 → **미루다, 연기하다**

- The meeting has been **put off** until next week. 회의는 다음 주까지 연기되었다.

show off

자랑하다, 으스대다

show + off → ~을 드러내 보이다 → **자랑하다, 으스대다**

- Everyone wants to **show off** their special talents.
  누구나 자신의 특별한 재능을 자랑하고 싶어 한다.

give off	내뿜다, 발하다
	give + off → (냄새, 열, 빛 등을) 떨어뜨려 보내다 → 내뿜다, 발하다

- That factory **gives off** too much smoke.
  저 공장은 너무 많은 연기를 뿜어낸다.

go off	터지다, 폭발하다; 울리다; (불, 전기 등이) 나가다
	go + off → 떨어져 나가다 ┌ (폭탄, 화산 등이) 떨어져 나가다 → **터지다, 폭발하다** ├ (알람, 경보 소리 등이) 떨어져 나가다 → **울리다** └ (불, 전기 등이) **나가다**

- We had been only a few feet away from the bomb when it **went off**.
  폭탄이 터졌을 때, 우리는 폭탄으로부터 겨우 몇 피트 떨어진 곳에 있었다.
- Nobody broke in the front door, but the alarm **went off**.
  현관에 아무도 들어오지 않았는데, 경보가 울렸다.
- All the lights in the building suddenly **went off**.
  건물 안에 있는 모든 불이 갑자기 꺼졌다.

pay off	다 갚다, 청산하다; 성과를 거두다
	pay + off ┌ (빚 등을) 지불하여 떨어뜨리다 → **다 갚다, 청산하다** └ (일 등을) 완료하여 이득을 얻다 → **성과를 거두다**

- I **paid** all my debts **off** last year.
  나는 작년에 빚을 모두 갚았다.
- All my hard work finally **paid off**.
  나의 고된 노력은 마침내 성과를 거두었다.

in과 결합한 이어동사

안에, 안으로
어떤 경계 안에 위치하거나 안으로 들어가는 방향을 나타낸다. 추상적인 영역의 안에 있는 것까지 확장되어 나타낸다.

let in	(안으로) 들어오게 하다
	let + in → (안으로) 들어오게 하다

- Open the windows to **let** some fresh air **in**.
  창문을 열어서 신선한 공기가 들어오게 해 줘.

take in

포함하다; 받아들이다, 이해하다

take + **in** → 안으로 가져가다 ┬ 포함하다
└ (정보 등을) 받아들이다, 이해하다

- Our trip to Paris will **take in** several museums.
  파리로 가는 우리 여행에는 몇몇 박물관이 포함될 것이다.
- It was difficult to **take in** his explanation.
  그의 설명을 이해하기가 어려웠다.

hand in

제출하다

hand + **in** → (과제물 등을) 안으로 건네주다 → 제출하다

- Please **hand in** your assignments now.
  지금 과제를 제출해 주세요.

give in (to)

항복하다, 굴복하다

give + **in**(+ **to**) → (자기가 주장하는 범위를) 안으로 좁히다 → 항복하다, 굴복하다

- I refused to **give in to** their demands.
  나는 그들의 요구에 굴복하기를 거절했다.

out과 결합한 이어동사

❶ **밖으로** – 어떤 경계 밖에 위치하거나 밖으로 나가는 방향을 나타낸다. 추상적인 영역의 밖에 있는 것까지 확장되어 나타낸다.
❷ **제외, 소멸** – 밖으로 나가면 안에서는 제외되거나 소멸하는 것으로 이해할 수 있다.
❸ **완료** – '완전히, 끝까지'의 의미를 나타낸다.

bring out

출시[발표]하다

bring + **out** → 밖으로 가져오다 → (신제품을) 밖으로 가져오다 → 출시[발표]하다

- The company **brought out** various low-priced products.
  그 회사는 다양한 저가 상품들을 출시했다.

stand out

두드러지다

stand + **out** → 밖으로 튀어나오다 → 두드러지다

- Originality will help you **stand out** from the crowd.
  독창성은 당신이 무리 중에서 두드러지도록 도와줄 것이다.

turn out

(~인 것으로) 드러나다, 밝혀지다; 만들어내다, 생산하다

turn + out → 밖으로 나오다 ┌ (결과 등이) 밖으로 나오다 → (~인 것으로) 드러나다, 밝혀지다
                            └ (결과로서 ~을) 내보내다 → 만들어내다, 생산하다

- Most rumors **turn out** to be false. 대부분의 소문은 거짓으로 드러난다.
- The company **turns out** 100,000 washing machines a month.
  그 회사는 한 달에 10만대의 세탁기를 생산한다.

figure out

이해하다, 알아내다

figure + out → 생각해서 내놓다 → **이해하다, 알아내다**

- I'm trying to **figure out** the best way to do it.
  나는 그것을 하는 데 가장 나은 방법을 알아내려고 노력 중이다.

wear out

닳다[닳게 하다]

wear + out → 닳아 없어지다 → **닳다[닳게 하다]**

- My shoes have been **worn out** by long use. 내 신발은 오래 신어서 닳았다.

run out of

~이 없어지다, ~을 다 써 버리다

run((어떤 상태가) 되다) + out + of → ~이 다 소멸되다 → **~이 없어지다, ~을 다 써 버리다**

- I've **run out of** money. 돈이 다 떨어졌다.

work out

해결하다; 운동하다; (일이) 좋게 진행되다, 잘 풀리다

work + out → 완전하게 하다 ┌ (문제 등을) 완전히 해내다 → **해결하다**
                            ├ (몸을) 완전하게 만들다 → **운동하다**
                            └ (상황 등이) 완전해지다 → **(일이) 좋게 진행되다, 잘 풀리다**

- He finally **worked out** the complex math problem. 그는 마침내 그 어려운 수학 문제를 풀어냈다.
- I **work out** regularly. 나는 규칙적으로 운동한다.
- Things **worked out** pretty well in the end. 결국에는 일이 꽤 좋게 풀렸다.

carry out

수행[이행]하다

carry + out → (약속, 과업 등을) 완전히 해내다 → **수행[이행]하다**

- I failed to **carry out** my promise. 나는 내가 한 약속을 이행하지 못했다.

about과 결합한 이어동사

발생, 여기저기
어떤 일의 '발생' 혹은 '여기저기'라는 뜻을 나타낸다.

bring about
유발[초래]하다

bring + about → ~이 발생하도록 가져오다 → **유발[초래]하다**

- This crisis was **brought about** by many factors. 이번 위기는 많은 요인에 의해 초래되었다.

go about
시작하다; (하던 대로) 계속하다

go + about → ~이 발생하도록 진행하다 ┌ **시작하다**
└ **(하던 대로) 계속하다**

- You should've **gone about** the important tasks first. [기출 응용]
  너는 중요한 일들을 먼저 시작했어야 해.
- Despite the economic crisis, people **went about** their daily lives.
  경제 위기에도 불구하고, 사람들은 일상생활을 계속해 나갔다.

away와 결합한 이어동사

제거, 소멸
away는 '점점 멀어져 가는'이란 의미를 나타낸다. 가깝게 있다가 멀어지는 것, 시간에 따라 소멸되는 것까지 확장되어 쓰인다.

take away
빼앗다, 없애다

take + away → ~을 가져가 버리다 → **빼앗다, 없애다**

- Smartphones may **take** time **away** from doing something more meaningful.
  스마트폰은 좀 더 의미 있는 무언가를 할 시간을 빼앗을지도 모른다.

throw away
버리다, 없애다

throw + away → ~을 내던져 버리다 → **(더는 필요 없는 것을) 버리다, 없애다**

- About 2 million plastic bottles are **thrown away** every hour.
  매시간 200만 개의 플라스틱병이 버려진다.

get away from
~에서 떠나다, 빠져나가다

get + away + from → ~으로부터 떨어져 나가다 → **~에서 떠나다, 빠져나가다**

- I think we're **getting away from** the point. 내 생각엔 우리가 요점에서 벗어나고 있어.

into와 결합한 이어동사

이동

in과 to가 결합된 의미로, '~의 안쪽으로 이동하는 것'을 나타낸다. 또한, 행동이나 과정의 시작을 나타내기도 한다.

break into[in]	침입하다; (말하는 도중에) 끼어들다, 방해하다
	break + into[in] → 안으로 부수고 들어가다 ┌ **침입하다** └ (말하는 도중에) **끼어들다**, 방해하다

- Someone **broke into** our hotel room and stole all of our money.
  우리 호텔 방에 누군가가 침입해서 돈을 모두 훔쳐갔다.
- We were having a chat when a man rudely **broke in**.
  우리가 이야기를 나누고 있을 때 한 남자가 무례하게 끼어들었다.

go into	(어떤 직종에) 들어가다, 하기 시작하다
	go + into → 안으로 들어가다 → (어떤 직종에) 들어가다, 시작하다

- I decided to **go into** business by myself. [기출 응용] 난 내 스스로 사업을 시작하기로 결정했어.

put A into B	B에 A를 더하다
	put + A + into + B → A를 B 안에 놓다 → B에 A를 더하다

- I **put** my heart **into** the letter. 나는 그 편지에 내 마음을 담았다.

over와 결합한 이어동사

~ 너머로, ~ 위에

위치상 다른 쪽으로 넘어가는 것 외에 수나 양이 넘어가는 것, 소유권 등이 넘어가는 것도 나타낸다. '~ 위를 완전히 덮어'란 뜻이 확장되어 '처음부터 끝까지 완전하게'란 의미를 나타내기도 한다.

come over	들르다, 방문하다; (어떤 기분이) 갑자기 들다
	come + over → ~너머로 오다 ┌ **들르다**, 방문하다 └ (어떤 감정이) ~너머로 오다 → (어떤 기분이) **갑자기 들다**

- Can you **come over** to my place now? 지금 우리 집에 올 수 있어?
- A sudden feeling of anger **came over** me. 갑자기 화가 나는 기분이 들었다.

run over	차로 치다
	run + over → (차가) ~너머로 달리다 → **차로 치다**

- I was **run over** by a car, but wasn't seriously injured.
  나는 차에 치였지만, 심하게 다치지는 않았다.

take over 이어받다, 인계받다

take + **over** → (일 등을) ~너머로 가져가다 → **이어받다, 인계받다**

- I **took over** Jenny's job. 내가 제니의 일을 인계받았다.

Review Test SET 07에서 배운 모든 단어들의 의미를 복습해 봅시다.

001	count on	019	work out
002	use up	020	take up
003	go off	021	set up
004	run out of	022	bring about
005	take in	023	give off
006	carry out	024	let in
007	try on	025	let down
008	show off	026	give in (to)
009	stand out	027	put A into B
010	take away	028	keep on
011	hand down	029	bring out
012	go into	030	come over
013	go about	031	work on
014	hold on (to)	032	wear out
015	take over	033	put off
016	get away from	034	throw away
017	bring down	035	turn out
018	run over	036	bring up

037	break into[in]
038	pay off
039	look down on
040	end up
041	show up
042	take off
043	hand in
044	turn down
045	figure out

When & What to Study

기본필수어휘

고1 2016	1월	2월	3월	4월	5월	6월	7월	8월	9월	10월	11월	12월
	■	■	■	내신	■	내신	■	■	내신	■	내신	■

구문

빈출어법

독해 유형 전략

시작은
첫단추 Voca!

■ 무조건 암기하는 것이 아닌,
■ 핵심 뜻을 이해하는 효율적 학습법

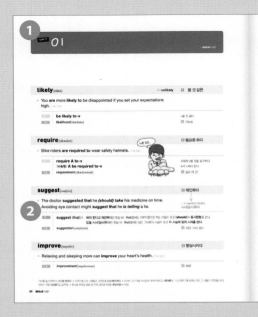

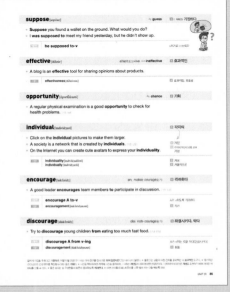

① 기출 분석으로 산출한
   출제빈도순 어휘 구성

② 어휘와 함께 익히면 좋은
   핵심 어법 포인트 제시

INDEX

대한민국 영어교과서의 새로운 시작!

2004년 첫 발간부터 현재까지!
11년 연속 1위를 지켜오며 250만의 학생들과 함께 한 베스트셀러, 千一文

New Edition 천일문 시리즈

최대 50%
새로운 문장 교체

시대 흐름에 맞도록
문장의 참신성을 더하고
최신 기출을 포함

기본/완성: 50%, 핵심: 20%

천일비급 UPGRADE

포맷을 보완하고
내용을 대폭 보강한
최강의 별책해설집

천일문 기본 문제집

구문 이해를 정착시키고
적용 훈련을 할 수 있는
천일문 기본 문제집

부가 서비스
막강한 무료 부가 자료

MP3 파일/
본문 해석/
말하기 · 영작/
어휘테스트 등

www.cedubook.com

다양한 문장학습 보강

- **기본**: 빠른 학습을 위한 중요예문 선정 / 어법시험 활용도가 높은 구문 별도 표시 / Check-up 문제 추가
- **핵심**: 중요예문 선정 / 어법, 구문 이해 테스트를 위한 Check-up 문제 추가
- **완성**: 집중학습할 수 있는 고난도 예문 선정 / 학습한 구문을 독해로 바로 적용하는 문제풀이 시스템

※국가영어능력평가를 위한 말하기 쓰기 학습서였던 천일문 Speaking & Writing은 폐간되었습니다.

쎄듀 교재맵

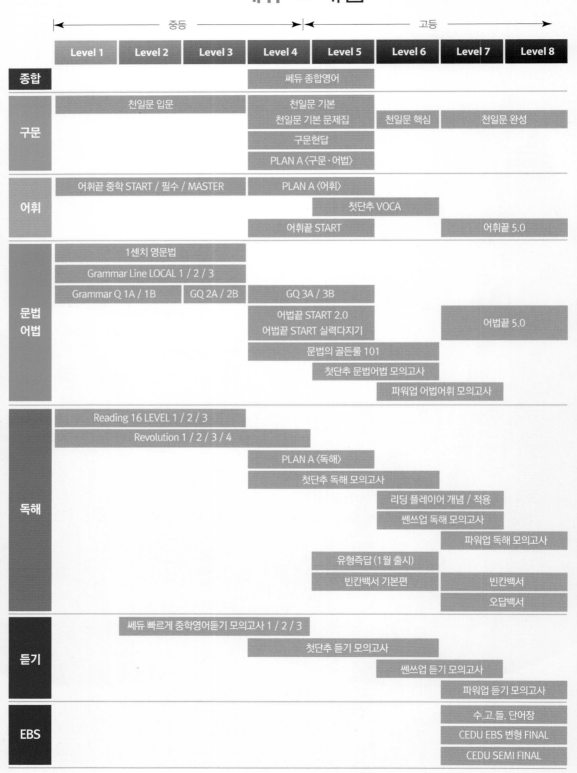

		← 중등 →			← 고등 →			
	Level 1	**Level 2**	**Level 3**	**Level 4**	**Level 5**	**Level 6**	**Level 7**	**Level 8**
종합				쎄듀 종합영어				
구문		천일문 입문		천일문 기본 / 천일문 기본 문제집 / 구문현답 / PLAN A 〈구문·어법〉		천일문 핵심	천일문 완성	
어휘	어휘끝 중학 START / 필수 / MASTER			PLAN A 〈어휘〉 / 어휘끝 START	첫단추 VOCA		어휘끝 5.0	
문법 어법	1센치 영문법 / Grammar Line LOCAL 1 / 2 / 3 / Grammar Q 1A / 1B		GQ 2A / 2B	GQ 3A / 3B / 어법끝 START 2.0 / 어법끝 START 실력다지기 / 문법의 골든룰 101 / 첫단추 문법어법 모의고사 / 파워업 어법어휘 모의고사			어법끝 5.0	
독해	Reading 16 LEVEL 1 / 2 / 3 / Revolution 1 / 2 / 3 / 4			PLAN A 〈독해〉 / 첫단추 독해 모의고사 / 유형즉답(1월 출시) / 빈칸백서 기본편	리딩 플레이어 개념 / 적용 / 쎈쓰업 독해 모의고사	파워업 독해 모의고사 / 빈칸백서 / 오답백서		
듣기	쎄듀 빠르게 중학영어듣기 모의고사 1 / 2 / 3			첫단추 듣기 모의고사	쎈쓰업 듣기 모의고사	파워업 듣기 모의고사		
EBS						수.고.듣. 단어장 / CEDU EBS 변형 FINAL / CEDU SEMI FINAL		